AXEL SCHMITT

SCHLANK MIT BROT

Abnehmen mit richtig gutem Brot und Brötchen

WORLD BAKER of the Year

THEORIE

REZEPTE

AXEL SCHMITT
Worldbaker

Moin zusammen,

da bin ich wieder! Richtig erkannt, ich lasse einfach nicht locker! Nachdem mein erstes Buch – und damit das Backen – von so wahnsinnig vielen Lesern, Followern und Freunden gefeiert wurde, geht's gleich weiter mit dem bedeutendsten Lebensmittel unserer Breitengrade: dem Brot – und natürlich den Brötchen. Und dieses Mal kommt ein etwas ernsteres Thema hinzu, nämlich das (Über-)Gewicht!
Dass Brot und Brötchen einfach lecker sind, ist ja mehr als bekannt. Dass Brot bei einer ausgewogenen Ernährung einen fundamentalen Baustein darstellt, wurde auch schon längst nachgewiesen. Aber dass Brot mit seinen hochwertigen Kohlenhydraten sogar beim Abnehmen helfen kann, davon hören viele zum ersten Mal. Kein Wunder, wenn Trends wie beispielsweise Low Carb das genaue Gegenteil behaupten. In diesem Buch wird aufgeräumt mit gefährlichem Halbwissen, Ernährungsmythen und Vorurteilen.

Wer hier jetzt megakomplizierte oder abgespacte Rezepte erwartet, den muss ich leider enttäuschen. In diesem Backbuch findet ihr leckere, leicht machbare Rezepte vom Profi – nämlich von mir – so optimiert, dass sie sicher gelingen. Die Rezepte sind für alle, die Lust auf modernes Backen und bewussten Genuss haben. Und es ist wieder für jeden Geschmack etwas dabei: vielseitig, bodenständig und schlichtweg köstlich. Backen ist eben einfach geil!
Als Bonus gibt es jede Menge Infos zu meiner »Schlank mit Brot«-Ernährung und das geballte Wissen von Ernährungsexperten. Na dann, Glückwunsch zum Kauf dieses Buches, denn ihr bekommt

- ★ Rezepte für jede Menge Backwaren und auch Brotaufstriche, die phänomenal schmecken, selbst wenn ihr nicht abnehmen wollt, dazu Tipps und Tricks vom Weltbäcker,
- ★ Infos und Fakten von der Ernährungsspezialistin Dr. Karin Bergmann sowie
- ★ elf Gastrezepte zum Kochen und Backen mit Brot von den besten, liebsten und bekanntesten TV- und Social-Media-Stars aus dem Food- und Kochbereich.

Na, wenn das mal nicht mega ist! Viel Erfolg und Freude auf eurer Reise zu einem gesünderen Ich und einem nachhaltigen gesunden Lebensstil mit Backen, Brot und Brötchen, das wünscht euch euer

Axel Schmitt

THEORIE

WHO THE F... IS JO-JO?

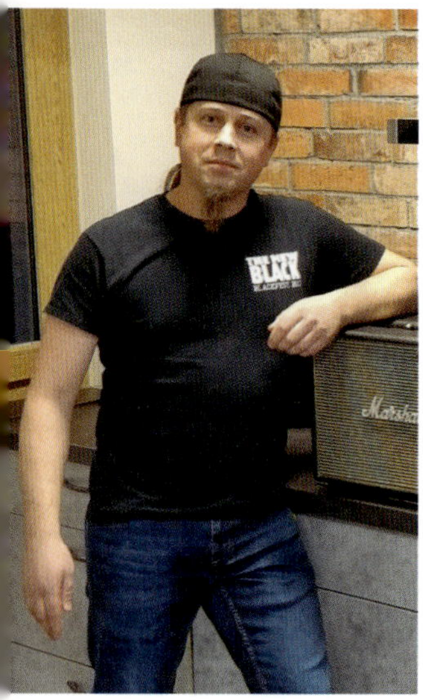

Ja, das habe ich mich auch oft gefragt: Wer ist bloß dieser Jo-Jo? Dieser Jo-Jo-Effekt, der beim Abnehmen eine so große Rolle spielt und der es einem angeblich verbietet, während und auch nach einer Diät leckeres Brot zu essen? Und schon sind wir mitten in unserem Thema: »Schlank mit Brot. Abnehmen mit richtig gutem Brot und Brötchen«. Sicher wundert sich jetzt der ein oder die andere unter euch Leserinnen und Lesern: Funktioniert das denn überhaupt? Ja, tut es – für euch habe ich das sogar selbst getestet, ich bin sozusagen der lebende Beweis, das Role-Model für »Schlank mit Brot«!

Was laute Musik mit diesem Buch zu tun hat

Für diejenigen unter euch, die mich noch nicht kennen und mein erstes Buch *Das einfachste Brot der Welt* nicht gelesen haben, folgen hier im Schnelldurchgang ein paar Facts über mich – ansonsten einfach mal googeln oder gleich mein erstes Werk mit genauso vielen wahnsinnig leckeren Rezepten besorgen (diese allerdings ohne Abnehmgarantie). Also, back ma's!

Geboren wurde ich 1981 in Frankenwinheim, dort führe ich heute mit meiner Frau Eva die elterliche Backstube in vierter Generation. Ich wuchs also mit Teig, Mehl, Hefe und Wasser auf – das Salz dabei war für mich schon immer die Musik. Neben meiner Ausbildung zum Bäckermeister und Konditor tourte ich als Schlagzeuger einer Heavy-Metal-Band von Konzert zu Konzert. Als ich nach dem unerwarteten Tod meines Vaters unsere Bäckerei übernahm, trat die Musik kurz in den Hintergrund. Ich machte eine Ausbildung zum Brotsommelier und wurde 2022 von einer internationalen Jury sogar zum *World Baker of the Year* gekürt. Auf lange Sicht schaffte ich es aber, meine beiden Leidenschaften Mehl und Musik miteinander zu verbinden (für was Gluten nicht alles gut ist). Und so wurde ich nicht nur mit meinem Musikbrot

Sonic Sourdough über die deutschen Landesgrenzen hinweg bekannt, sondern auch offizieller *Wacken-Bäcker*. Mittlerweile bin ich auf den großen Bühnen und im Fernsehen zu Hause. Obendrein stiegen die Followerzahlen auf den Social-Media-Kanälen merklich, verrückterweise auch im internationalen Raum. Was wiederum beweist: Backen verbindet!
Das alles mag sich jetzt total spektakulär anhören, und man könnte fast meinen, ich wäre schon übergeschnappt. Aber nein, mein täglich Brot, das Bäckerhandwerk, groundet mich ganz ordentlich und bewahrt mich davor abzuheben, was mit meinem früheren Gewicht auch gar nicht so einfach gewesen wäre ...

Als Bäckermeister und Konditor trug und trage ich zur Ernährung anderer bei, auf meine eigene achtete ich – bis auf eine kurze sportliche Phase, in der ich sogar Marathons lief – jedoch kaum mehr. Oft lebte ich gleich doppelt ungesund: Im stressigen Alltag in meiner Backstube gönnte ich mir zwischendurch immer mal wieder ein süßes Teilchen, auf Konzerten und Tourneen ging es im Backstagebereich eher um den ein oder anderen kalorienreichen Schluck. Ausgewogene Ernährung? Fehlanzeige! Während ich beruflich also immer mehr Menschen begeistern durfte, zeigte mein Körper mir mit etwas noch nie Dagewesenem wie »Pölsterchen«, dass ich ihn viel zu lange missachtet hatte.

Wie eine Wette zu »Schlank mit Brot« führt

Auf mein Bäuchlein angesprochen, witzelte ich mit dem befreundeten Gitarristen der Metal-Band *Hämatom* Jacek alias »Ost«, dass seine Wampe ja wohl kein bisschen besser aussehe. Ein Wort gab das andere, und wir beschlossen, bis zum Start

der nächsten *Hämatom*-Tour in rund drei Monaten abzunehmen. Ost versteifte sich dabei auf den weit verbreiteten Mythos, Kohlenhydrate (Carbohydrates) seien höchst schädlich und würden keineswegs zur Gewichtsreduktion taugen – um sie müsse man einen möglichst großen Bogen machen. Sprich, neben Nudeln und Pizza sei auch Brot tabu! Landläufig wird diese Art der Diät auch als »Low Carb« bezeichnet.

Als stolzer Bäcker und Brotsommelier war mir das natürlich zuwider! Also, bitte! Was für ein Irrglaube! Man wird ja wohl auch abnehmen können, ohne auf Brot und Kohlenhydrate verzichten zu müssen! Ich war mir dessen ganz sicher und trat gegen Ost zu einer Abnehm-Challenge an, die von den Medien aufmerksam begleitet wurde. Da passte es natürlich gut, dass die Musiker von *Hämatom* jeweils einzigartige Maskierungen tragen, die einen das Fürchten lehren können, wie das Foto von Ost und mir auf dieser Seite zeigt.

High Carb statt Low Carb – die Abnehm-Challenge

Unser Ziel: Wir wollten jeweils 10 Kilo in drei Monaten abnehmen. Low Carb versus High Carb sozusagen. Der Wetteinsatz war eine Essenseinladung bei meinem Freund, dem Spitzenkoch Johann Lafer. So, nun stand ich da, fühlte mich wie David, der gegen Goliath antreten sollte, und fing an zu grübeln, wie ich die Challenge wohl gewinnen könnte … Bis ich mich an eine »Brotdiät« erinnerte, die der Ernährungswissenschaftler Prof. Dr. Erich Menden 1976 am Institut für Ernährungswissenschaft der Universität Gießen entwickelt und publiziert und von der ich während meiner Brotsommelier-Ausbildung gehört hatte. Hundert übergewichtige Versuchspersonen hatten damals durch einen hohen Brotanteil in der Nahrung innerhalb von vier Wochen 4 bis 6 Kilo abgenommen.

Ernährungsphysiologisch ist das logisch: Brot besitzt zwar viele Kohlenhydrate, doch diese sind kein Zucker, sondern überwiegend Stärke, die vom Körper aufgespalten werden muss und daher sehr lange sättigt – hinzu kommt ein niedriger Fettanteil. Das große Plus ist allerdings der hohe Gehalt an Ballaststoffen, sie gelten als optimale Nahrung für die etwa 100 Billionen in unserer Darmflora ansässigen Bakterien. Studien zeigten, dass Ballaststoffe dazu beitragen können, einen »normalen« Cholesterinspiegel im Blut aufrechtzuerhalten. Zudem können sie bewirken, dass der Blutzuckerspiegel nach den Mahlzeiten weniger stark ansteigt. Das ist nicht nur wichtig für Übergewichtige, sondern auch äußerst praktisch für alle anderen, da so das Sättigungsgefühl länger anhält und seltener Heißhungerattacken auftreten. Übrigens ist Brot der Hauptlieferant von Ballaststoffen in unserer Ernährung, weit vor Obst und Gemüse – ein Brötchen hat beispielsweise mehr Ballaststoffe als ein Apfel.

Back ma's!

Meine Wahl fiel also anfangs auf High Carb mit viel Brot – eher aus dem Willen heraus, für den guten Ruf des Brotes zu kämpfen. Aber je mehr ich mich damit beschäftigte, umso klarer wurde mir, dass meiner revolutionären »Schlank mit Brot«-Idee nichts im Weg stehen würde. Noch dazu hatte ich es in meinem von Mehlstaub durchpusteten Alltag leicht, mich mit leckeren Brotmahlzeiten zu versorgen, während Ost Probleme hatte, seine Low-Carb-Diät im harten Bandalltag durchzuziehen. Er musste nämlich ständig auf verführerische Kohlenhydrate verzichten, die Backstage oft als Schokoriegel, Fast-Food-Essen und Getränke aller Art auf ihn warteten – prost Mahlzeit! Das gelang ihm wohl nicht immer …

Bevor ich euch hier das – natürlich – rühmliche Ende verraten kann, musste ich mich aber erst gründlich ins Thema »Schlank mit Brot« hineinarbeiten. Dazu suchte ich nach einem Experten, der mir meine vordergründig abwegige Abnehmidee auf wissenschaftliche Füße stellen konnte (der Bäcker selbst ist da ja eher befangen) und mich zumindest anfangs begleiten würde. Bei meinen Recherchen stieß ich auf die Diplom-Ökothrophologin Dr. Karin Bergmann, die seit mehr als 25 Jahren in der Ernährungswissenschaft zu Hause ist und auch die angehenden Brotsommeliers an der Akademie des Deutschen Bäckerhandwerks Weinheim mit ausbildet. Sie würde mir doch sicher reinen Wein über die Vor- und Nachteile einer brotreichen Ernährung einschenken und war zum Glück sofort Feuer und Flamme, mich bei meinem Experiment zu unterstützen.

Auf den nächsten Seiten hat sie für euch, liebe Leserinnen und Leser, schon mal die Grundregeln einer gesunden Ernährung zusammengefasst. Und sie erklärt, warum Brot das perfekte Lebensmittel ist. Ein Superfood sozusagen! Als hätten wir das nicht schon immer gewusst!

KLEINE ZEITREISE DURCH DIE ERNÄHRUNGS-GESCHICHTE

Unsere Reise durch die Ernährungsgeschichte beginnt vor etwa 2,6 Millionen Jahren mit den wichtigen und nahrhaften Lebensmitteln der Steinzeit …

Mammut

Die Erde war damals von Neandertalern besiedelt, die als Jäger und Sammler auf das Fleisch seltener, großer Beutetiere wie Mammuts, Rentiere und Bisons angewiesen waren. Da diese nicht oft erlegt wurden, dürfte pflanzliche Nahrung an erster Stelle gestanden haben.

Getreide

Etwa 10000 v. Chr. fingen die Menschen an, Pflanzen anzubauen und Tiere zu züchten. Die Landwirtschaft entstand, wodurch die Nahrungsversorgung in manchen Regionen stabiler wurde, allerdings nicht in allen Regionen gleichermaßen. Dort, wo das Klima Ackerbau und Viehzucht ermöglichte, bildeten sich Gemeinschaften, später auch Dörfer und Städte.
Für uns Menschen waren und sind die Süßgräser (zu deren Familie alle Getreidesorten gehören) deshalb so interessant, weil deren Samen – die Getreidekörner – als außerordentlich nahrhaft und ideale Gehirnnahrung gelten.

Oliven

In der Antike, also bis etwa 500 n. Chr., hatten die Menschen sich zivilisiert, und es gab bereits strukturierten Warenverkehr. Vor allem die Ägypter, Griechen und Römer handelten mit Lebensmitteln und Gewürzen. In einigen Kulturen wurden Ernährungsgewohnheiten zu einem wichtigen Teil des sozialen Lebens.

Salz

Dann kam das Mittelalter, das ungefähr vom Ende der Antike bis zum 15. Jahrhundert reicht. In dieser Zeit nahmen Gutbetuchte reichhaltige und gut gewürzte Speisen zu sich. Menschen mit niederem sozialen Status aßen sehr einfach und eher monoton. Wer mit Gewürzen handeln oder sie gegen andere Naturalien tauschen konnte, scheffelte Münzen, Silber und Gold.

Gewürze

Vom 16. bis zum 18. Jahrhundert unternahmen Persönlichkeiten wie Christoph Kolumbus im Auftrag ihrer Kronhäuser Abenteuer- und Entdeckungsreisen in unbekannte Länder. Das befeuerte den Handel, auch den mit Sklaven. Unter unwürdigen Umständen in fernen Ländern produziert, kamen Kakao, Kaffee, Zuckerrohr, neue Obst- und Gemüsesorten sowie teure Blumenarten nach Europa.

Brot

Im Zuge der industriellen Revolution, die in der zweiten Hälfte des 18. Jahrhunderts begann und sich im 19. Jahrhundert in Europa ausbreitete, veränderten sich sowohl die Lebensmittelproduktion als auch die Lebensmittelverteilung. Esswaren konnten schon ganz gut haltbar gemacht und verarbeitet werden, weshalb sich auch die Ernährungsgewohnheiten grundlegend wandelten. Der Alltag war auf Zeit getrimmt, und wer keine hatte, hatte auch kein Brot. Bilder und Berichte von langen Menschenschlangen vor den Bäckereien zeugen davon.

Fett

Und was zeichnet die Ernährung im 20. und 21. Jahrhundert aus? Sie basiert auf Massenproduktion, Fast Food und hochverarbeiteten Lebensmitteln. Immer neue Technologien, die keinen Stein auf dem anderen lassen, wenn es um Essen und Trinken geht, kommen auf. Gleichzeitig wächst das Bewusstsein für gesunde Ernährung und Nachhaltigkeit. Ein Glück.

Nahrung als Kitt der Gesellschaft

Zusammenwachsen und Zusammenhalt sind das tägliche Brot in Gemeinschaften, im großen Europa wie im kleinen Privathaushalt. Lebensmittel dienen als sozialer Kitt, weil sie Menschen auf verschiedene Arten verbinden. Wer auf Reisen einmal das klassische Nomadenfrühstück mit Tsampa (eine Art Gerstenmilch mit Yakbutter) und Airag (vergorene Stutenmilch) probiert hat, weiß, wie sehr man sich nach gewohnten Speisen sehnen kann. Essen prägt die Identität, gleichzeitig ermöglichen die Kommunikation und der Austausch darüber es weltweit, sich kennenzulernen, Geschichten zu erzählen und das Leben zu feiern. Lebensmittel spielen eine zentrale Rolle in religiösen und kulturellen Ritualen, denn die meisten Menschen essen am liebsten zusammen mit anderen – nicht allein.

AUSGEWOGENE ERNÄHRUNG

★ Die Basics

Wer gesundheitsförderlich essen und trinken will, braucht zwei Dinge: Freude an geschmacklicher Abwechslung und Lust, schon früh an später zu denken. Prävention ist immer besser als Therapie. Die weiteren wichtigen Grundregeln für Gesunde knapp zusammengefasst:

★ Pflanzliches als Basis

Viele Vollkornprodukte, Gemüse, Obst, Hülsenfrüchte, Nüsse und Samen; mageres Fleisch, Fisch und Milchprodukte.

★ Portionen beachten

Insgesamt nicht übermäßig und eher kleine Portionen essen.

★ Zucker und gesättigte Fette einsparen

Wenig Softdrinks, Süßes, Snacks, Käse mit hoher Fettstufe und Butter.

★ Viel trinken

Ausreichend Wasser, ungesüßten Tee; Obstsäfte in Maßen oder als Schorle.

★ Vorsicht bei Salz!

Vom »Salz der Erde« gehört nur wenig ins Essen.

★ Öfter mal eine Frischekur

Frische, unverarbeitete Lebensmittel sind besser als stark verarbeitete.

★ Mahlzeiten im Rhythmus

Essenszeiten können individuell verschieden sein, wichtig ist Regelmäßigkeit.

★ Achtsam essen

Sattwerden findet im Gehirn statt. Der Körper hat ein Recht auf Zeit, Genuss und Geschmack.

★ Kulturelle Vielfalt

Kulinarische Traditionen sind für alle Menschen da. Wäre es nicht schade, dies zu ignorieren?

★ Das perfekte Duo

Ernährung und Bewegung sind miteinander verheiratet.

Nicht nur Nährstoffe, sondern auch Genuss

Essen hat drei wesentliche Aspekte, die zufrieden machen: die Inhaltsstoffe, das Vergnügen und eine soziale Funktion. Lebensmittel sind die Hauptquelle von Nährstoffen, die der Körper benötigt, um gesund und funktionsfähig zu bleiben. Diese sichern unser Überleben, denn ohne sie wären im Körper die Energieversorgung, Wachstum, die Reparatur von Zellen und das Aufrechterhalten lebenswichtiger Abläufe unmöglich. Natürlich lässt sich der Bedarf auch mit Astronautennahrung decken. Dem Stoffwechsel ist es egal, in welcher Form die Nährstoffe ankommen. Aber wo bleibt dann der Genuss?

Was nicht schmeckt, wird nicht gegessen. Unsere Mahlzeiten sind also nicht nur eine Notwendigkeit, sondern auch mit Genuss verbunden. Der Geschmack, die Textur und der Geruch von Lebensmitteln tragen zu einem erfreulichen Erlebnis bei. Darüber hinaus kann Essen eine emotionale Komponente haben, wenn es Trost oder Freude vermittelt oder Erinnerungen an die Kindheit hervorruft. Nicht nur Sex, Drugs and Rock 'n' Roll, sondern auch Lebensmittel aktivieren das Belohnungszentrum. Menschen haben davon nur eins – und das sollten sie sensorisch auf Trab halten. Heiß geliebte Lebensmittel sind dafür wohl die beste Wahl unter allen vier Möglichkeiten.

Ernährungsmythen im Faktencheck

Wo ein Thema, da ein Mythos. Auch über Getreide und Brot haben sich im Lauf der Zeit unzählige Mythen entwickelt.

»Getreideprodukte, wie etwa Brot, machen dick!«

Wissenschaftlich belegt ist, dass eine Gewichtszunahme hauptsächlich von der Gesamtmenge an aufgenommenen Kalorien und dem Energieverbrauch abhängt. Die Vollkornvarianten von Brot, Haferflocken oder Reis gehören zu einer ausgewogenen Ernährung und unterstützen die Gewichtskontrolle.

»Kohlenhydrate sind schlecht für die Gesundheit!«

Tatsächlich sind Kohlenhydrate eine wichtige Energiequelle für den Körper, insbesondere für das Gehirn. Kohlenhydrate, die langsam verdaut werden, sind beispielsweise Ballaststoffe. Und die sind unabdingbar für Darm, Immunsystem und körperliche Leistungsfähigkeit.

»Glutenfreie Ernährung ist gesünder!«

Für Menschen mit zum Beispiel diagnostizierter Zöliakie oder Glutenunverträglichkeit ist der absolute Verzicht auf Gluten unerlässlich. Auf den großen Rest der Bevölkerung trifft dies jedoch nicht zu. Wer sich um seine Ernährungsbedürfnisse sorgt, sollte eine professionelle individuelle Beratung zu diesem Thema in Anspruch nehmen. Wer riskiert schon gern eine unpassende Ernährung, die ein Problem im Stoffwechsel, einen Nährstoffmangel oder hohe Kosten beim Lebensmitteleinkauf verursacht?

Wasser und Brot - ein Alleinstellungsmix

Früher war es eine Strafe, bei Wasser und Brot Buße zu tun. Andererseits lautet eine Volksweisheit: »Der Mensch lebt nicht vom Brot allein.« Was denn nun? Tatsächlich: Mit Brot und Wasser käme man vorübergehend über die Runden. Vorausgesetzt, es handelt sich um Vollkornbrot. Weißmehl enthält zu wenig Nährstoffe, als dass in vergangenen Zeiten die ohnehin meist schlecht versorgten Menschen damit hätten überleben können. Angesichts der Energie- und Nährstoffversorgung durch Getreide und Brot sowie ihrer hohen Sättigungswirkung kann ein Mensch zwar einen gewissen Zeitraum ganz gut überbrücken, doch in den reichen Teilen dieser Welt wäre diese Art der Ernährung unvorstellbar. Aber in den Regionen, in denen Menschen weiterhin hungern müssen, sind Wasser und Brot auch heute noch überlebenswichtig.

Brot zeichnet sich zudem dadurch aus, dass es Proteine enthält, die bei der Reparatur und dem Aufbau von Gewebe eine Rolle spielen. Deutlich proteinreicher sind allerdings Lebensmittel wie Fleisch oder Hülsenfrüchte. Auch Vitamin B12 würde auf lange Sicht fehlen. Obwohl Brot viele essenzielle Nährstoffe enthält, kann es auf Dauer nicht alle Bedürfnisse des Körpers decken. Doch es hilft den Menschen, wenn in Mangelzeiten andere Proteinquellen wie Fleisch, Fisch, Insekten, Hülsenfrüchte oder Samen nicht verfügbar sind oder innerhalb kürzester Zeit verderben, lange in Wasser eingelegt oder gekocht werden müssen. Darüber hinaus beinhalten manche dieser Lebensmittel so viele schlecht verdauliche Stoffe, dass sie kaum genießbar sind.

• WISSENSWERTES •

BROTMYTHEN IM FAKTENCHECK

Frau Dr. Bergmann hat ja gerade drei Ernährungsmythen benannt, auf die ich gern noch mal eingehen möchte – natürlich aufs Brot gemünzt. Wem es bis jetzt noch nicht aufgefallen ist, dem sei gesagt: Brot liegt mir sehr am Herzen. Und deshalb möchte ich hier mit ein paar Legenden, die sich um dieses Nahrungsmittel ranken, endlich aufräumen.

Mythos 1: »Brot macht dick.«

Dazu hat Dr. Bergmann schon ein paar Zeilen geschrieben. Auch ich als Brotsommelier und Bäckermeister werde sehr häufig mit dieser Aussage konfrontiert, deshalb lege ich hier erneut Widerspruch ein. Der Ruf des Brotes als Dickmacher entsteht, weil es mit den darin enthaltenen Kohlenhydraten gleichgesetzt wird. Dabei wird verkannt, dass Brot eben keinen Zucker enthält, sondern langkettige Kohlenhydrate wie zum Beispiel Stärke oder Ballaststoffe – zudem besitzt Brot von Haus aus einen geringen Fettanteil. Das Geheimnis, nicht zuzunehmen, besteht darin, die Kalorienbilanz zu überwachen und Brot als Teil einer ausgewogenen Ernährung einzubauen. Der Mythos, dass Brot dick macht, ist definitiv falsch.

Mythos 2: »Dunkles Brot ist gesünder.«

Die Farbe eines Brotes hängt von den verwendeten Mehlsorten und den weiteren Zutaten ab. Dunkles Brot kann aus Vollkornmehl hergestellt sein, das zusätzliche Ballaststoffe, Vitamine und Mineralstoffe liefert. Genauso gut kann es durch die Zugabe von Malz dunkel gefärbt sein, das für einen süßlichen Geschmack sorgt, aber den Gesundheitswert nicht verändert. Auch helle Brote können sehr nährstoffreich sein – abhängig von den verwendeten Mehlsorten und Zutaten. So besteht selbst ein helles Weizenbrötchen keinesfalls aus »leeren Kalorien«, sondern enthält – auf das Gewicht bezogen – mehr Ballaststoffe als ein Apfel. Insofern ist dieser Mythos ebenfalls falsch.

Mythos 3: »Ein Brot ohne Körner ist ungesund.«

Während die Leitsätze im Deutschen Lebensmittelbuch, nach denen sich der Bäcker richten muss, mit dem Wort »Körner« Getreide meint (so enthält beispielsweise ein Dreikornbrot drei verschiedene Getreidearten), verstehen viele Verbraucher darunter Ölsaaten. Tatsächlich können Letztere eine hervorragende Quelle für Ballaststoffe, Proteine, Vitamine und wertvolle Öle sein. Das bedeutet aber nicht, dass ein Brot ohne Körner automatisch ungesund ist. Ein einfaches Brot aus hochwertigem Mehl kann ebenso nahrhaft sein und zu einer ausgewogenen Ernährung beitragen wie ein Brot mit Körnern. Wie immer geht es auch hier um die Kombination von Zutaten, die eure individuellen Ernährungsbedürfnisse erfüllt. Auch dieser Mythos ist also falsch.

Mythos 4: »Nur Vollkornbrot ist gesund.«

Ernährungsphysiologisch spricht viel fürs Vollkornbrot: Es ist reich an Ballaststoffen, Vitaminen und Mineralstoffen und vorteilhaft für die Gesundheit. Die hohen Schalenanteile erschweren es manchen Menschen aber, Vollkornbrot zu verdauen. Zudem können andere Brotsorten, zum Beispiel solche aus Dinkel- oder Roggenmehl, ebenfalls nährstoffreich sein und verschiedene Geschmacksprofile bieten. Insofern könnt ihr mit einer vielfältigen Auswahl eine ausgewogene Ernährung fördern und euch unterschiedliche Nährstoffe zuführen. Wieder gilt: Dieser Mythos stimmt nicht.

Mythos 5: »Weizen ist ungesund.«

Wenn dem so wäre, hätte die Menschheit ein Riesenproblem, denn weltweit stammt jede fünfte Kalorie aus dem Weizen. Tatsächlich weist Weizenbrot einige positive Aspekte auf, wenn es um die Gesundheitsförderung geht: Es ist eine wertvolle Quelle von Nährstoffen wie Ballaststoffe, Vitamine und Mineralstoffe, zudem unterstützt es den Stoffwechsel und die Energieproduktion. Zu Problemen kann es bei Weizenbrot kommen, wenn dem Teig nicht genug Zeit für das Reifen gegeben wurde. Sofern man nicht an Zöliakie erkrankt oder Weizenallergiker ist, spricht nichts gegen Weizenbrot. Der Mythos ist daher falsch.

Mythos 6: »Brot ist bei Glutenunverträglichkeit tabu.«

Einige Menschen mit diagnostizierten Erkrankungen wie beispielsweise Zöliakie dürfen keinerlei Gluten zu sich nehmen, somit auch keine Getreide wie Weizen, Roggen, Gerste und weitere mehr – und eben auch keine Backwaren daraus. Nicht einmal kleinste Bestandteile glutenhaltiger Getreidesorten dürfen sich darin befinden. Allerdings lassen sich auch mit glutenfreien Getreiden wie Reis, Mais und Hirse Brot und Brötchen backen, zudem mit den sogenannten Pseudogetreiden wie Amarant, Buchweizen (ist kein Weizen!) und Hirse. Es gibt sogar Bäckereien, die sich auf glutenfreie Backwaren spezialisiert haben. Dass man mit einer Glutenunverträglichkeit überhaupt kein Brot essen kann, ist jedenfalls unwahr, der Mythos somit falsch.

Mythos 7: »Brot muss immer in einer Brotbox aufbewahrt werden.«

In einer Brotbox oder einem Brotkasten bleiben manche Brotsorten länger frisch, weil sie darin ihre Feuchtigkeit nicht so schnell verlieren. Allerdings eignet sich nicht jedes Brot für die Aufbewahrung in einem luftdichten Behältnis. Knusprige Brote bleiben besser draußen, für sie genügt oft die Lagerung unter einem Küchentuch – bei einem angeschnittenen Brot auf dem Anschnitt, damit es nicht austrocknet. Für kleine Haushalte hat es sich bewährt, das bäckerfrische Brot in Scheiben zu schneiden, jeweils zwei bis drei davon in passende Gefrierbeutel mit Verschluss zu packen und einzufrieren. Immer dann, wenn ihr Lust auf Brot habt, werden einfach die Beutel aus dem Tiefkühlfach geholt und die noch gefrorenen Scheiben in den Toaster gesteckt. Lecker! Daher ist auch dieser Mythos falsch.

Mythos 8: »Selbst gebackenes Brot ist billiger.«

Wer ein Brot mit vielen Saaten oder Nüssen herstellen möchte und diese Zutaten einzeln kauft, stellt oft fest, dass am Ende das Brot beim Bäcker im Vergleich kaum teurer ist. Kommt noch die Energie dazu, die man fürs Backen aufwenden – und zahlen – muss, geht die Rechnung selten auf. Und auch die eigene Arbeitszeit wäre zu berücksichtigen. Oft sind die Kosten für ein selbst gebackenes Brot daher keinesfalls niedriger als für eines vom Bäcker. ABER: Brot selbst zu backen macht Spaß. Insofern spricht gar nichts dagegen, wenn man Lust dazu und Zeit dafür hat. Ansonsten freut sich der Bäcker eures Vertrauens über den Einkauf. Der Mythos, dass selbst gebackenes Brot weniger kostet, ist vielfach falsch.

Weiter geht es auf den nächsten Seiten mit Frau Dr. Bergmann, den Ballaststoffen, B-Vitaminen – aber nicht nur –, Mineralstoffen und Gewürzen. Wohl bekomm's!

Ballaststoffe sind kein Ballast: Wir brauchen mehr davon

In vergangenen Zeiten führten Schiffe Ballast mit sich, der sie stabilisierte und im Bauch beschwerte. In der Regel kamen dafür Sand, Steine oder Wasser infrage. Übertragen auf den menschlichen Körper bedeutete das damals: Alle drei Ballaststoffe wollte man nicht im Bauch oder gar im Darm haben. Deswegen galt es als unfein und Zeichen monetärer Unterversorgung, Lebensmittel mit hohem Ballaststoffgehalt zu essen.

Ganz anderer Meinung ist da die Forschung heute: Ballaststoffe sind als Verdauungsförderer mit hohem Gesundheitspotenzial anerkannt. Sie können die Verdauung ankurbeln, weil sie mit ihren Fasern den Darm kehren. Sie binden Abfallprodukte – unter anderem Cholesterin – und nehmen sie auf ihrer Reise mit nach draußen. Ballaststoffe unterstützen zudem den intakten Stoffwechsel im Darm, indem sie Bakterien fördern. Die guten Bakterien helfen wiederum, den Darm in einem guten Zustand zu halten, und unterstützen so das Immunsystem. Und sie halten den Krawall im Zaum, den die schlechten Bakterien im Darm veranstalten. Mit Obst, Gemüse, Vollkornprodukten und Hülsenfrüchten lässt sich sicherstellen, dass genügend Ballaststoffe in den Darm gelangen. Sehr wichtig: Es muss genug Flüssigkeit hinzukommen, denn diese Nahrungsbestandteile quellen im Darm um ein Vielfaches ihres Volumens auf.

Blutzucker auf der langen Bank

Der Körper will aus den Kohlenhydraten Energie gewinnen, und zwar viel und schnell. Bei Traubenzucker und Milchzucker hat er leichtes Spiel, denn deren kurze Molekülketten können die Enzyme im Körper in Windeseile in Kleinteile zerlegen. Der Blutzucker geht steil nach oben und dann unmittelbar in die Energiereserven ein. Ganz anders bei langkettigen Kohlenhydraten. Hier braucht es viel mehr Zeit, bis Kleinteile vorliegen. Und so gelangt der Blutzucker langsam in den Stoffwechsel. Das verhindert Energieabfälle und Heißhungerattacken. Menschen fühlen sich in der Regel länger satt – was dabei hilft, das Körpergewicht im Lot zu halten.

Effektvolle Leistungsträger

Brot enthält verschiedene Vitamine und Mineralstoffe, die positive, auch lebenswichtige Auswirkungen auf unsere Gesundheit haben. In Vollkornbrot steckt mehr davon als in Brot aus hoch ausgemahlenen Mehlen. Es folgen hier einige der wichtigsten Vitamine und Mineralstoffe, die in Brot vorkommen können, samt ihren Effekten.

★ B-Vitamine

Sie sind wichtig für den Stoffwechsel und unterstützen den Körper dabei, Energie aus den Nährstoffen zu gewinnen. Sie spielen auch eine Rolle bei der Funktion des Nervensystems und der Förderung des Immunsystems.

★ Folsäure, auch ein B-Vitamin

Schwangere brauchen sie, da Folsäure zum gesunden Wachstum und zur Entwicklung des Babys im Mutterleib beiträgt. Sie ist darüber hinaus wichtig für die Produktion neuer Zellen im Körper.

★ Eisen

Dabei handelt es sich um einen bedeutenden Bestandteil des Hämoglobins in den roten Blutkörperchen, das für den Sauerstofftransport im Blut verantwortlich ist. Ausreichend Eisen aufzunehmen ist wichtig, um den Bedarf des Körpers an Sauerstoff und Energie effektiv zu decken.

★ Magnesium

Es ist an vielen biochemischen Prozessen im Körper beteiligt und für die Muskelfunktion, die Nervenfunktion und die Knochengesundheit von Bedeutung.

★ Zink

Dieser Mineralstoff wirkt auf das Immunsystem und unterstützt bei der Erhaltung der normalen Hautfunktion. Er spielt auch eine Rolle bei der Enzymaktivität und dem Zellwachstum.

★ Kalium

Dieser Elektrolyt hat eine wichtige Funktion bei der Regulierung des Wasserhaushalts und der Aufrechterhaltung des Blutdrucks. Auch für die Muskelfunktion ist er wichtig.

Ohne diese Stoffe können keine Enzyme, Zellstrukturen, Gewebe oder ganze Organe gebildet werden, gut gedeihen und erhalten bleiben. Im Stoffwechsel ginge es zu wie bei schlecht gepflegten Pflanzen. Meistens hilft ein wenig »Dünger« - und natürlich Wasser als Lösungsmittel.

Von Anis bis Zimt, von Hefe bis Sauerteig, von Nüssen bis Samen

Die Gewürze, die für herzhafte oder süße Brote verwendet werden, verleihen ihnen einen besonderen Geschmack, angenehmes Aroma und eine regionale Note. Zugegeben: Von Anis, Kümmel, Safran, Zimt und Co. im Brot ist keine heilende Wirkung zu erwarten. Bevor die Menge erreicht ist, ab der Brotgewürze gesundheitlich wirken, leiden entweder Geschmack oder Bekömmlichkeit. Doch wenn die Gewürze das Brot schmackhaft machen, ist dem Genuss, dem Wohlbefinden und den vorbeugenden Effekten schon gedient.

Nicht vergessen werden dürfen die Triebmittel Hefe und Sauerteig. Backhefe hat normalerweise keine gesundheitlichen Auswirkungen, sie verleiht dem Brot jedoch ein luftiges und weiches Aussehen. Das genügt, denn Auge und Gaumen essen ja mit. Ganz anders sieht es beim Sauerteig aus. Er entsteht durch die Fermentation von Mehl und Wasser durch Mikroorganismen wie Milchsäurebakterien und andere Hefen. Sauerteig hat verschiedene gesundheitliche Vorteile: Er ist besser verträglich – vor allem für Menschen mit empfindlichem Magen –, und die Nährstoffe aus dem Sauerteig sind leichter verfügbar. Der Darm freut sich über die guten Bakterien und Enzyme.

Hinzu kommen die interessanten Samen und Nüsse. Sie bringen weitere Nährstoffe mit und können auch wertvolle Fette liefern. Diese Zutaten können das Brot reichhaltiger machen und dazu beitragen, den Blutzuckerspiegel zu stabilisieren.

Weltweite Verfügbarkeit – lokale Vielfalt

Südamerikaner lieben ihr *Medialuna* (halbmondförmiges Gebäck), Brasilianer ihr *Pão de queijo* (mit Käse gebackenes Brot), die Ägypter ihr *Aish Baladi* (eine Art Fladenbrot), das *Khobz-Brot* kommt aus Marokko – die Liste landestypischer Brotsorten ist lang. Fast überall auf der Welt gibt es Brot in irgendeiner Form als Grundnahrungsmittel, somit stellt es eine äußerst wichtige Energiequelle dar. In einigen asiatischen und afrikanischen Ländern bilden Reis oder Getreidebreie die Basis der Ernährung. In Ländern mit traditionell hoher Getreideproduktion ist Brot in den verschiedensten Sorten und Formen weit verbreitet, zum Beispiel das Baguette in Frankreich, das Ciabatta in Italien und das Schwarzbrot in Deutschland. Vielerorts gibt es Brot, oft auch als lokale Spezialität, gebacken nach über Generationen weitergegebenen Rezepten.

Kaum zu toppen ist die Verfügbarkeit und Vielfalt von Brot in Deutschland, Schätzungen zufolge gibt es hier mehr als 3000 Sorten. Jede Region hat ihre eigenen Spezialitäten, viele sind seit Jahrhunderten bekannt. Als Warengruppe war Brot hierzulande schon immer ein Meilenstein in der Kultur und im Alltagsleben der Menschen. Touristen staunen über die riesige Auswahl. Und nicht wenige Bäcker kommen nach Deutschland, um mehr über die Brotvielfalt zu erfahren und das damit verbundene Handwerk weiter zu erlernen.

So wurde Brot über die Jahrtausende zu einem fast immer verfügbaren und relativ preisgünstigen Kulturgut, das seinesgleichen sucht. Auch in der Nachhaltigkeit schneidet es gut ab: Verglichen mit anderen Lebensmitteln verursacht es in der Produktion eine relativ geringe Umweltbelastung und leistet gleichzeitig einen hohen Beitrag zur Nährstoffversorgung. Für Brühwürfel, Süßgetränke, Leberwurst und Schokolade gilt dies ganz und gar nicht.

Kurz und gut: Ein ausgewogener Brotkonsum fördert die Gesundheit von Menschen, unterstützt den Klimaschutz, sichert lokale Einkommen und trägt dazu bei, die regionstypische Biodiversität zu erhalten. Vorausgesetzt, Menge und Qualität des Brotes stimmen. Wer pflanzenbetonter essen will, stellt am besten erst einmal ein gutes Brot auf den Tisch. Das ist ein guter Anfang, um Gesundheit und Umwelt zusammenzudenken.

AXELS »SCHLANK MIT BROT«-PRINZIP

Ja, das Brot – ein wahres Superfood! Ernährungsspezialistin Dr. Bergmann hat es auf den letzten Seiten wunderbar für uns dargestellt. Und nachdem ich sie als wissenschaftliche Betreuerin und Ratgeberin für mein »Schlank mit Brot«-Experiment gewinnen konnte, machte ich mich daran, etwas mehr über die Ansätze von Prof. Dr. Mendens »Brotdiät« zu erfahren. Schließlich wollte ich die Abnehm-Challenge gegen Ost gewinnen. Schwerwiegende Taten mussten nun folgen, da Ost und ich unser Vorhaben vor allen Hämatom- sowie Axel-Fans im Podcast und auf den sozialen Medien unauslöschlich bekräftigt hatten …

Die Grundzüge der »Brotdiät«

Dass die Idee »Schlank mit Brot« nicht unbedingt neu beziehungsweise meinem Wunschdenken als Bäcker und Brotsommelier entsprungen ist, beweisen die Probandenversuche, die an der Universität Gießen vor mehr als 45 Jahren erfolgreich durchgeführt wurden. Die »Brotdiät« war damals sehr beliebt, und viele Fachzeitschriften berichteten darüber. Ihr erinnert euch? Ganz am Anfang hatte ich es kurz erwähnt: Die »Brotdiät« wurde 1976 von Prof. Dr. Menden und seinen Mitarbeitern als energiereduzierte Mischkost zur Gewichtsabnahme entwickelt. Sie basiert auf Brot und Brötchen als Hauptnahrungsmittel und einer ausgewogenen Nährstoffbilanz, wodurch die Versorgung mit allen wichtigen Nährstoffen (Eiweiß, Mineralstoffe, Vitamine und Ballaststoffe) garantiert ist. Man kann bis zu 1,5 Kilo pro Woche abnehmen – vorausgesetzt, man hält sich an den Essensplan, der täglich 1200 beziehungsweise 1500 Kilokalorien für einen vorsieht. Aber nicht nur das: Die guten Kohlenhydrate liefern dem Körper kontinuierlich Energie, und die Ballaststoffe sorgen wiederum dafür, dass der ganz große Hunger ausbleibt.

Das war für mich ein aufschlussreicher Ernährungsansatz, der teilweise in »Schlank mit Brot« einfloss, auch wenn ich ihn nicht ganz so akribisch verfolgte, wie es der Schlankheitsplan von Mendens »Brotdiät« vorsah. Ich nahm beispielsweise 1700 Kilokalorien täglich zu mir (das hängt vom Energiebedarf jedes Einzelnen ab) und schlug ab und an auch mal über die Stränge. Wichtig war mir außerdem, dass mein »Schlank mit Brot«-Prinzip nicht nur für einen bestimmten Zeitraum gelten sollte, nein, ich wollte meine Essgewohnheiten langfristig umstellen.

Reset oder alles auf Anfang?!

Motiviert und upgedatet mit den neusten Erkenntnissen und Techniken machte ich mich also – mit dem Wissen von Frau Dr. Bergmann – auf meine persönliche Abnehmreise. Als Erstes hielt ich meine Essgewohnheiten in einem kleinen Protokoll fest. Auf diese Weise konnten wir gut erkennen, was an meiner Ernährung verbessert werden kann. Gleichzeitig trackte ich alle Nahrungsmittel, um ein Gefühl dafür zu bekommen, wie viel Kilokalorien sich in meinen Leibspeisen verbargen.

Nach zwei bis drei Wochen, als ich endlich alles auf gewünschtem Stand hatte – zumindest die Tabelle, die Kilos auf der Waage noch nicht –, besprachen Dr. Bergmann und ich meine Essgewohnheiten und glichen sie mit den Empfehlungen der Deutschen Gesellschaft für Ernährung (DGE) ab. Gleichzeitig suchten wir nach versteckten Dickmachern und überlegten uns, wo ich leicht und mit Genuss etwas verändern konnte. Vor mir sah ich aber erst mal eine wenig rühmliche Ansammlung all meiner Problemzonen:

- Ich esse viel zu große Mengen.
- Es besteht ein unausgeglichenes Verhältnis in der Zusammenstellung meiner Ernährung, ergo der Lebensmittel. (Auf gut Deutsch: Ich esse viel zu ungesund.)
- Ich trinke zu viele kalorienreiche Flüssigkeiten – vor allem alkoholfreie Energydrinks in der großen Hoffnung, dass sie mir doch noch Flügel verleihen.
- Ich snacke zu oft, obwohl ich gar keinen Hunger habe.
- Bin ich dann doch hungrig, esse ich nebenbei und häufig viel zu schnell!

Mhm. Ein wenig frustriert, doch voller Kampfgeist stellte ich meine Ernährung zunächst auf viel Brot um: Jede Mahlzeit sollte immer die Komponente leckeres Brot oder wertvolles Brötchen beinhalten. Mit den hochwertigen und komplexen Kohlenhydraten würde ich mein Sättigungsgefühl auf einem gleichbleibenden Level halten können (Grundsättigung). Am einfachsten und gesündesten gelingt das mit Backwaren aus Sauerteigen, Vorteigen mit viel Ballaststoffen – gerne auch aus Vollkornmehl und lange gereift. Für euch habe ich mich dazu extra schlaugemacht: Es gibt aktuelle Studien von Wissenschaftlern der Universität Hohenheim, die den positiven Effekt einer langen Teigführung auf Bekömmlichkeit, Aroma, Saftigkeit und Verfügbarkeit von Mineralstoffen eindeutig belegen.

Axel startet voll durch

Darauf konnte ich nun aufbauen, meine »Schlank mit Brot«-Mission konnte beginnen. Um ja nicht die Kontrolle über die von mir aufgenommenen Nährstoffe zu verlieren, hatten Dr. Bergmann und ich für die erste Zeit ein lückenloses Tracking über eine App vereinbart, was mich erheblich unterstützte. Der Leitfaden und das Erfolgsgeheimnis meiner zukünftigen Lebensweise waren jetzt definiert:

- Die Energiebilanz muss passen! (Im Klartext bedeutet diese einfache Regel: Wer mehr in sich reinschaufelt, als er verbraucht, wird schwerer – und umgekehrt.)
- Ich erreiche meine Grundsättigung durch wertvolle Kohlenhydrate wie Brot!
- Keine Energiespitzen durch zu viel, zu schnelles und zu reichhaltiges Essen!
- Eine abwechslungsreiche und bunte Ernährung auf Basis der DGE-Empfehlungen ist unabdingbar!
- Nur essen, wenn und solange echter Hunger vorhanden ist!

Was mir bei meiner Ernährungsumstellung in den nächsten Tagen, Wochen und Monaten auf jeden Fall nicht ausgehen würde, waren Brot und Brötchen – da war ich mir sicher. Wie es sich mit meinem Durchhaltevermögen und meiner Motivation verhalten würde, wusste ich zu diesem Zeitpunkt noch nicht. Vorsichtshalber hatte ich viele tolle Freunde um mich versammelt, die mir mit ihrem Beistand und ihren Rezepten viel Abwechslung und vor allem Genuss auf meinen Teller zaubern würden. Einige davon – Freunde und Rezepte – findet ihr auch in diesem Buch ab Seite 134.

»And the Winner is ...«

Und so kam es, wie es kommen musste: Ich nahm in zwölf Wochen satte 10 Kilo ab, was sich angesichts vieler leckerer Brotmahlzeiten nicht wirklich wie Verzicht anfühlte. Bei meinem Battlepartner, dem Gitarristen Ost, reichte es hingegen nur für 4 Kilo Gewichtsverlust und eine große Enttäuschung. Er hat mir geschworen, Brot nie wieder als Dickmacher zu beschimpfen, und gönnt sich jetzt ebenfalls regelmäßig ein gutes Brot ... Ja, und die Essenseinladung bei Sternekoch Johann Lafer, unseren

Wetteinsatz, haben wir inzwischen auch schon eingelöst – die musste Ost ja übernehmen ... Was soll ich sagen? Es war mehr als lecker!

Übrigens: Der Jo-Jo ist mir bislang nicht über den Weg gelaufen. Eventuell versteckt er sich ja noch, bis die Luft rein und nicht mehr mehlig ist, und fällt dann in Form von Fressattacken über mich her. Aber darauf kann er lange warten! Also: Schaut auf eure langkettigen Kohlenhydrate und auf die lang gereiften Teige – es lohnt sich!

Warum selbst der FC Bayern München auf Brot setzt!

Dass langkettige Kohlenhydrate in der obersten Liga der Ernährung mitspielen, haben die Profisportler schon lange verstanden. Deshalb kommt hier ein letztes Beispiel – dieses Mal aus meiner Arbeit als Mitglied des Prüfungsausschusses in der Akademie Deutsches Bäckerhandwerk Weinheim. Damit möchte ich wirklich auch die letzten Zweifel darüber ausräumen, dass Brot und Brötchen ein wirklich wertvoller und wichtiger Bestandteil unserer Ernährung sind. Denn was haben gutes Brot und der FC Bayern München gemeinsam? Sie spielen beide in der Königsklasse!

Aber von Anfang an: Als Mitglied der Prüfungskommission betreue ich regelmäßig Projektarbeiten von angehenden Brotsommeliers, wobei wir dieses Mal den Profifußballer:innen des FC Bayern München einen Besuch abstatteten, um mit ihnen und den Verantwortlichen ein speziell auf ihre Ernährungssituation zugeschnittenes Brot zu kreieren. Hinter den kulinarischen Kulissen stellten wir fest, dass die Spieler:innen durchaus um die Wertigkeit von Kohlenhydraten beim Brot wussten. Und ihnen war auch klar, welch wichtiger Lieferant von Ballaststoffen, B-Vitaminen, Mineralstoffen und pflanzlichem Eiweiß es ist. Zwei bis drei Tage vor dem Spiel wurde ihnen sogar extra empfohlen, ihren Energiespeicher durch getreidehaltige Ernährung mit Brot aufzufüllen.

Die wichtigste Maßgabe bei dieser Aufgabe blieb: Das Brot muss schmecken!
Da Getreide grundsätzlich ballaststoffreiche Lebensmittel sind, haben wir auf Vollkornmehle beziehungsweise Mehle mit hohen Typenzahlen zurückgegriffen, da sie mehr Randschichten oder sogar das ganze Korn enthalten. Natürlich ist das genaue Rezept streng geheim, aber so viel sei gesagt: Es besteht aus ganz normalen Zutaten einer Handwerksbäckerei. Seit Kurzem lädt nun das eigens für den FC Bayern München kreierte Brot die Profis auf dem Buffet zum Genießen ein. Was der millionenschwere Fußballkader seinem Körper angedeihen lässt, schadet unsereinem doch sicherlich auch nicht! Brot ist eben ein High-End-Produkt!

DIE FÜNF GÜLDENEN AXEL-REGELN

Meine Basics, an die ich mich – zumindest meistens – gehalten und mit denen ich die Abnehm-Challenge gegen Ost gewonnen habe, verrate ich euch jetzt und hier. Denn um nachhaltig Gewicht zu verlieren, muss man leider mehr als nur Diät halten (ja, liebe Leser, so ist das Leben: gemein und gefährlich ehrlich). Es geht vielmehr darum, seinen gesamten Lebensstil und die eigenen Gewohnheiten zu überdenken. Die folgenden fünf Regeln waren und sind mein persönlicher Schlüssel zum Erfolg – und meine Tipps für euch Abnehmwütige.

1. Kalorienbilanz verstehen

Um erfolgreich abzunehmen, ist es mehr als entscheidend, die Grundlagen einer Kalorienbilanz zu verstehen, deshalb gilt:

- Überwacht beziehungsweise trackt zumindest zu Beginn eure tägliche Gesamtkalorienzufuhr und auch euren Energieverbrauch. So bekommt ihr ein Gefühl dafür, welche Mengen und Inhaltsstoffe ihr essen dürft.
- Setzt euch realistische Ziele für die Kalorienaufnahme und somit fürs Tempo, in dem ihr Gewicht verlieren wollt. Nicht der schnelle, sondern der nachhaltige Abnehmprozess ist unser Ziel!
- Kontrolliert – und reduziert gegebenenfalls – eure Essensportionen, um die Kalorienbilanz nicht aus dem Auge zu verlieren.

2. Eine ausgewogene Ernährung anstreben

Die Umstellung hin zu einer ausgewogenen Ernährung ist ein Schritt in die richtige Richtung – mit diesen praktischen Vorgehensweisen glückte es auch mir:

- Ersetzt einfache Weißbrote und -brötchen möglichst oft durch hochwertige und lange Zeit gereifte und fermentierte Brote und Brötchen (Sauerteig, Vorteig und so weiter) beziehungsweise durch Vollkornvarianten, um mehr Ballaststoffe, komplexe Kohlenhydrate und Nährstoffe aufzunehmen.

- ⭑ Integriert Brot beim Kochen in euren Speiseplan oder ersetzt Sättigungsbeilagen durch hochwertiges Brot, damit eine ausgewogene Mahlzeit mit vielen »guten« Kohlenhydraten herauskommt.
- ⭑ Vermeidet fette Aufstriche wie Butter und Margarine. Experimentiert lieber mit alternativen Dips und Cremes, die ich eigens für euch zusammengestellt habe (siehe S. 50/51, S. 80/81, S. 104/105 und S. 126/127).

3. Bewegung

Regelmäßige körperliche Aktivität beschleunigt euren erfolgreichen Gewichtsverlust, deshalb solltet ihr Bewegung in euren Lebensstil integrieren:

- ⭑ Plant wiederkehrende Bewegungseinheiten in den Alltag ein, beispielsweise täglich 30 Minuten flottes Gehen oder Radfahren.
- ⭑ Nutzt das Gehen oder Radfahren unbedingt als Alternative zu kurzen Autofahrten - so kommt ihr fast schon automatisch auf eure tägliche Dosis körperliche Aktivitäten.
- ⭑ Hilfreich ist es auch, die Muskelmasse zu erhöhen und den Stoffwechsel anzukurbeln. Hier reicht es oft schon aus, sich körperlich etwas länger zu betätigen, zum Beispiel bei der Gartenarbeit.

4. Die psychologischen Aspekte des Abnehmens verstehen

Eure psychologische Beziehung zum Essen ist entscheidend. Das bedeutet, ihr solltet verstehen, wann und warum ihr esst. Dabei können euch folgende Maßnahmen helfen:

- ⭑ Führt ein Ernährungstagebuch, um euer Essverhalten zu dokumentieren und Muster darin zu erkennen. Entsprechende Apps unterstützen euch dabei, die eigene Ernährung besser zu verstehen.
- ⭑ Anstatt im stressigen Alltag oder in privaten schwierigen Situationen auf »Trostessen« zurückzugreifen, solltet ihr nach alternativen Strategien suchen, euren Stress abzubauen (ich hab das beispielsweise super mit Schlagzeugspielen geschafft).
- ⭑ Praktiziert achtsames Essen, indem ihr bewusst und langsam genießt - auch wenn Brot auf eurem Teller liegt.

5. Nachhaltigkeit anstreben

Nachhaltigkeit ist der Schlüssel, um Gewicht zu reduzieren und es anschließend auch zu halten. Mit diesen Methoden erreiche sicher nicht nur ich dieses Ziel:

- ⭑ Betrachtet den regelmäßigen Verzehr von Brot als festen Bestandteil eurer zukünftigen Ernährung und wählt dazu unbedingt gesunde Brotvarianten aus, nämlich lang fermentierte und Vollkornvarianten.
- ⭑ Achtet auf Portionsgrößen und schneidet euer Brot in dünne Scheiben, um den Verzehr zu kontrollieren.
- ⭑ Experimentiert mit gesunden Belägen wie Gemüse, Obst oder Käse (Stichwort: abwechslungsreiche und bunte Ernährung auf Basis der Empfehlungen der DGE), um Brot interessanter zu gestalten und Abwechslung in eure Mahlzeiten zu bringen. Auch Toasten oder Anrösten erzeugt ganz neue Aromen und ein tolles Mundgefühl beim Verzehren.

Das Wichtigste von allem: Erinnert euch immer wieder daran, dass Veränderung Zeit braucht und es normal ist, gelegentlich Rückschläge zu erleben. Bleibt also geduldig. Und setzt euch realistische Ziele! Denkt daran, dass es nicht nur darum geht, Gewicht zu verlieren, sondern auch einen gesunden und nachhaltigen Lebensstil zu entwickeln. Dazu gehört es, sich immer wieder Meilensteine zu setzen und Erfolge zu feiern, egal wie klein sie auch sein mögen.

Vergesst nicht, ihr seid auf dieser Reise nicht allein und habt eure Freunde, Familie und Experten - wie zum Beispiel mich - auf eurer Seite. Mit Entschlossenheit, ausreichendem Wissen und den richtigen Strategien seid ihr auf dem besten Weg zu einem gesünderen und schlankeren Ich. Um euch noch mehr zu motivieren, habe ich auf der nächsten Seite ein paar Kniffe zusammengestellt, wie ihr das alles gut im ganz normalen Wahnsinn unterbringen könnt. Nicht, dass es nachher heißt, ihr hättet nichts davon gewusst!

• WISSENSWERTES •

SCHLANK MIT BROT – AUCH IM ALLTAG

- ★ Immer etwas mehr backen, als ihr gerade benötigt, und für spätere Mahlzeiten gut lagern.
- ★ Brotreste aufheben, um sie beim Kochen beziehungsweise für Knabbereien/Snacks zwischendurch zu verwerten.
- ★ Brottopf für die perfekte Lagerung und Verfügbarkeit von Backwaren besorgen.
- ★ Beim Handwerksbäcker hochwertige Backwaren mit Vorstufen, Sauerteigen, langer Ruhezeit kaufen.
- ★ Rohstoffe clever ersetzen (siehe S. 158/159).
- ★ Rituale einführen, beispielsweise vor jedem Essen ein Glas Wasser zu trinken.
- ★ Mahlzeiten planen.
- ★ Pausenbrote zubereiten und mitnehmen, anstatt mittags in der Kantine zu essen oder To-go-Mahlzeiten und Snacks zu konsumieren.
- ★ Einkaufszettel schreiben und nicht hungrig einkaufen gehen (das wäre sonst der Klassiker).
- ★ Nährwerttabelle der Nahrungsmittel auf versteckte Dickmacher checken (tracken).
- ★ Genuss muss gegeben sein, sonst droht eine Fressattacke.
- ★ Kleinere Gebinde von »Belohnungen« kaufen, um ein Überfressen zu verhindern.
- ★ Belohnungen einplanen.
- ★ Herumliegende Nahrung (Süßigkeiten et cetera) wegräumen, um nicht schwach zu werden.
- ★ Sich vor jedem anstehenden Essen fragen: Habe ich wirklich gerade Hunger?
- ★ Vor dem Essen großzügig trinken, beispielsweise Wasser, Tee, Kaffee oder zuckerfreie Getränkealternativen, um nicht auf leeren Magen mit einer Mahlzeit zu starten.
- ★ Esspausen einlegen, um dem Sättigungsgefühl Zeit zu geben.
- ★ Situationen vermeiden, in denen aus Kummer, Frust, Langeweile, Gewohnheit, Zwang, wegen der Gruppendynamik, bei Gelegenheit oder Stress ungewollt gegessen werden könnte.
- ★ Keine extreme Diät praktizieren – im besten Fall bemerkt das enge Umfeld gar keine Ernährungsumstellung.
- ★ Falls Familie und Freunde durch vorheriges Gejammere oder über Social-Media-Kanäle doch mitbekommen haben, dass ihr »Schlank mit Brot« praktiziert, am besten briefen, wie sie euch bei der Diät unterstützen können. Zum Beispiel, indem sie euch davon abhalten, die ganze Schublade mit den Gummibärchen, Schokoladentafeln und Chips leer zu räumen … Na?! Geht doch!

REZEPTE

BROTE
ohne Reue

GEILES
BROT

DAS EINFACHSTE SAATENBROT

Pro 100 g: ca. 271 kcal, 10 g E, 6 g F, 41 g KH, 4 g BST

Für 1 Brot (ca. 850 g)

ZUTATEN:

Teig

480 g Dinkel- (Type 630) o. Weizenmehl (Type 550)
380 g Wasser
8 g frische Hefe
10 g Salz
120 g Ölsaaten (z. B. Sonnenblumenkerne, Sesamsaat, Leinsamen)

Topping (nach Belieben)

10–20 g Ölsaaten

Außerdem

Tontopf o. ofenfester Topf mit Deckel

Alle Zutaten für den Teig mit einem Löffel in einer Schüssel gut verrühren. (Nicht wundern, falls der Teig zu weich erscheint, während der Quellzeit binden die Saaten das Wasser.) Den Teig abdecken und 10–16 Std. im Kühlschrank reifen lassen.

Gegen Ende der Reifezeit den Backofen mit dem Tontopf auf 250 °C Ober-/Unterhitze (Mitte) vorheizen.

Den gereiften Teig vorsichtig auf ein bemehltes Backpapier stürzen. Das Backpapier an den sich gegenüberliegenden Seiten anheben und zu einer Seite umschlagen, sodass sich der Teig einfaltet. Diesen Vorgang zur anderen Seite hin wiederholen.

Den Teig nach Belieben mit Ölsaaten bestreuen und mit dem Backpapier in den vorgeheizten Tontopf setzen.

Den Tontopf mit Deckel in den heißen Ofen (Mitte) schieben und das Saatenbrot in ca. 60 Min. backen. Nach den ersten 30 Min. Backzeit die Temperatur auf 200 °C reduzieren und den Deckel des Tontopfs abnehmen.

DAS EINFACHSTE MISCHBROT

Pro 100 g: ca. 265 kcal, 7 g E, 1 g F, 53 g KH, 4 g BST

Für 1 Brot (ca. 850 g)

ZUTATEN:

350 g	Weizenmehl (Type 550)
300 g	Roggenmehl (Type 1150)
450 g	lauwarmes Wasser (ca. 30 °C)
10 g	Apfelessig
8 g	frische Hefe
10 g	Salz
1 Prise	Brotgewürz o. Kümmel (nach Belieben)

Alle Zutaten mit dem Knethaken der Küchenmaschine 10 Min. auf niedriger Stufe verkneten.

Den Teig auf eine bemehlte Arbeitsfläche geben und rund wirken (siehe S. 162/163). Das Teigstück mit dem Schluss nach unten in eine mit einem bemehlten Geschirrtuch ausgelegte Schüssel geben und abgedeckt 10–15 Std. im Kühlschrank reifen lassen.

Nach Ende der Reifezeit den Teig vorsichtig auf ein Backpapier mit dem Schluss nach oben gleiten lassen und ca. 20 Min. ruhen lassen.

Gegen Ende der Ruhezeit den Backofen mit Pizzastein auf 250 °C Ober-/Unterhitze (Mitte) vorheizen und auf der Teigoberseite mit einem scharfen Messer mehrere Zierschnitte anbringen.

Das Teigstück mit dem Backpapier auf den Pizzastein im heißen Ofen setzen, 50 g warmes Wasser auf den Boden des Backofens gießen und das Mischbrot in ca. 1 Std. knusprig backen. Nach den ersten 10 Min. Backzeit die Temperatur auf 190 °C reduzieren.

DAS EINFACHSTE TOASTBROT

Pro 100 g: ca. 316 kcal, 9 g E, 8 g F, 48 g KH, 3 g BST

Für 1 Brot (ca. 750 g)

ZUTATEN:

Teig

400 g Dinkel- (Type 630) o. Weizenmehl (Type 550)
100 g Dinkelvollkornmehl
330 g Milch (3,5 % Fett)
6 g frische Hefe
10 g Salz
8 g Zucker
50 g weiche Butter

Außerdem

Kastenform (18 cm Länge)

Alle Zutaten für den Teig – bis auf die Butter – mit einem Löffel in einer Schüssel gut verrühren. Die Butter dazugeben und den Teig locker mit den Händen verkneten.

Den Teig länglich aufrollen und in eine leicht mit Öl oder Butter ausgestrichene Backform geben. Den Teig abdecken und 10–15 Std. im Kühlschrank reifen lassen.

Gegen Ende der Reifezeit den Backofen auf 250 °C Ober-/Unterhitze vorheizen.

Die Backform auf ein Backgitter im heißen Ofen (Mitte) stellen, 50 g warmes Wasser auf den Boden des Backofens gießen und das Toastbrot in 45–50 Min. backen. Nach den ersten 5 Min. Backzeit die Temperatur auf 180 °C reduzieren.

DINKELVOLLKORNBROT AUS DER TASSE

Pro Stück: ca. 565 kcal, 22 g E, 10 g F, 87 g KH, 12 g BST

Für 4 Brote (à ca. 200 g)

ZUTATEN:

Kochstück
50 g Dinkelvollkornmehl
200 g Wasser

Hauptteig
250 g Kochstück
75 g Dinkelflocken
370 g Dinkelvollkornmehl
280 g Wasser
5 g Apfelessig
5 g frische Hefe
12 g Salz

Topping
100 g Sonnenblumenkerne

Außerdem
4 Tassen (à 300-400 ml)

Kochstück Alle Zutaten für das Kochstück mit einem Schneebesen in einem Topf unter Rühren zum Kochen bringen. Sobald die Masse anzieht, den Topf vom Herd nehmen, abdecken und auf Zimmertemperatur abkühlen lassen.

Hauptteig Alle Zutaten für den Hauptteig mit dem Knethaken der Küchenmaschine 10 Min. auf niedriger Stufe verkneten. Den Teig abdecken und ca. 30 Min. bei Zimmertemperatur reifen lassen.
Die Sonnenblumenkerne für das Topping in eine Schüssel geben.
Den gereiften Teig in vier gleich große Stücke à ca. 250 g teilen und jedes mit feuchten Händen (damit der Teig nicht an den Händen klebt) zu einer tassengroßen Rolle formen.
Die Teigrollen rundherum in den Sonnenblumenkernen wälzen, jeweils in eine leicht mit Öl ausgestrichene Tasse geben und 10-14 Std. in den Kühlschrank stellen.

Back ma's Gegen Ende der Reifezeit den Backofen mit Backgitter (Mitte) auf 250 °C Ober-/Unterhitze vorheizen. Die Tassen auf das Gitter im heißen Ofen stellen, 50 g warmes Wasser auf den Boden des Backofens gießen und das Dinkelvollkornbrot in ca. 40 Min. backen. Nach den ersten 10 Min. Backzeit die Temperatur auf 190 °C reduzieren.

VOLL VOLLWERTIGES VOLLKORNBROT

Pro 100 g: ca. 197 kcal, 7 g E, 1 g F, 36 g KH, 6 g BST

Für 1 Brot (ca. 1500 g)

ZUTATEN:

Vorteig

250 g fein gemahlenes Dinkel- o. Weizen-vollkornmehl
300 g Wasser
1 g frische Hefe

Hauptteig

550 g Vorteig
650 g fein gemahlenes Dinkel- o. Weizen-vollkornmehl
400 g + 100 g Wasser
15 g frische Hefe
28 g Salz

Vorteig Alle Zutaten für den Vorteig mit einem Löffel in einer Schüssel verrühren, bis das Wasser gebunden ist. Den Teig abdecken und 12–16 Std. im Kühlschrank reifen lassen.

Hauptteig Alle Zutaten für den Hauptteig – bis auf 100 g Wasser – mit dem Knethaken der Küchenmaschine 4 Min. auf niedriger und weitere 6 Min. auf hoher Stufe verkneten. Danach den Teig weitere 5 Min. auf hoher Stufe kneten und dabei die restlichen 100 g Wasser schluckweise dazugeben. Den Teig in eine mit Öl ausgestrichene Frischhaltedose geben, diese leicht verschließen und den Teig 70 Min. bei Zimmertemperatur ruhen lassen. Nach 30 Min. den Teig – am besten in der Frischhaltedose – einmal stretchen und falten (siehe S. 161) und weitere 40 Min. ruhen lassen.
Ein Backblech mit Backpapier auslegen. Den gereiften Teig vorsichtig auf eine bemehlte Arbeitsfläche gleiten lassen und die rechte Teighälfte ganz vorsichtig (!) über die linke Teighälfte klappen. Den geklappten Teig vorsichtig mit dem Schluss nach unten auf das Backpapier setzen und abgedeckt ca. 30 Min. bei Zimmertemperatur reifen lassen.

Back ma's Gegen Ende der Reifezeit den Backofen auf 250 °C Ober-/Unterhitze vorheizen.
Das Backblech in den heißen Ofen (Mitte) schieben, 50 g warmes Wasser auf den Boden des Backofens gießen und das Vollkornbrot in ca. 40 Min. backen. Nach den ersten 5 Min. Backzeit die Temperatur auf 200 °C reduzieren.

★ AXELS TIPP
Dieses Brot habe ich für alle entwickelt, die sich weigern, Vollkornbrot zu essen – und für Onkel Heinz, der das Brot von mir fast täglich untergejubelt bekommt.

GLUTENFREIES SAATENBROT

Pro 100 g: ca. 276 kcal, 10 g E, 11 g F, 29 g KH, 7 g BST

Für 2 Brote (à ca. 500 g)

ZUTATEN:

Brühstück

- 35 g Kürbiskerne
- 35 g Sonnenblumenkerne
- 35 g Leinsamen
- 95 g kochendes Wasser

Hauptteig

- 200 g Brühstück
- 240 g Reismehl
- 80 g Maismehl
- 80 g Leinsamenmehl
- 25 g gemahlene Flohsamenschalen
- 12 g Salz
- 1 gute Prise Brotgewürz
- 540 g Wasser
- 15 g Essig
- 10 g Pflanzenöl (z. B. Hanf- o. Sesamöl)
- 15 g frische Hefe
- 15 g Honig

Topping

- 30 g Kürbiskerne
- 30 g Sonnenblumenkerne
- 30 g Leinsamen

Außerdem

2 hohe ofenfeste Backformen (à ca. 500 ml)

Brühstück Alle Zutaten für das Brühstück mit einem Löffel in einer Schüssel gut verrühren. Das Brühstück abdecken und auf Zimmertemperatur abkühlen lassen.

Hauptteig Alle trockenen Zutaten für den Hauptteig mit einem Löffel in einer großen Schüssel gut verrühren. (Wichtig: Zuerst die trockenen Zutaten vermischen.) Brühstück und alle feuchten Zutaten dazugeben und mit den Rührbesen des Handrührgerätes zu einem homogenen Teig verrühren.
Alle Saaten für das Topping in eine Schüssel geben.
Den Teig in zwei gleich große Stücke teilen und jedes mit feuchten Händen zu einer kompakten Kugel formen. (Es dürfen keine Luftlöcher entstehen.)
Die Teigkugeln rundherum in den Saaten wälzen, jeweils in eine leicht mit Öl ausgestrichene Backform setzen und abgedeckt bei Zimmertemperatur ca. 1 Std. quellen lassen.

Back ma's Gegen Ende der Quellzeit den Backofen mit Backgitter (Mitte) auf 240 °C Ober-/Unterhitze vorheizen.
Die Backformen auf das Gitter im heißen Ofen stellen, 50 g warmes Wasser auf den Boden des Backofens gießen und die Temperatur auf 220 °C reduzieren. Das Saatenbrot in 55–60 Min. fertig backen. (Lieber länger im Ofen belassen.)

★ AXELS WISSENSBOX

Am besten schmeckt das Saatenbrot einen Tag nach dem Backen – haltbar ist es mindestens vier Tage. Übrigens: Zu glutenfreien Produkten rate ich euch nur aus gesundheitlicher Not, etwa wenn jemand Zöliakie hat oder glutensensitiv reagiert. Günstiger und vor allem nachhaltiger sind glutenhaltige Zutaten – sie wachsen direkt vor eurer Haustür und haben meist einen kleinen ökologischen Fußabdruck.

MATJESTATAR

Pro Portion: ca. 97 kcal, 6 g E, 6 g F, 3 g KH, 1 g BST

Für 4 Portionen

ZUTATEN:

60 g Schalotte
60 g Apfel
2–3 Stängel Dill
150 g Matjesfilet
60 g Essiggurke
5 g Essiggurkensud
etwas Koriandergrün, klein gehackt (nach Belieben)
Salz, Pfeffer
Zucker

Schalotte und Apfel schälen. Schalotte in feine Würfel schneiden, Apfel vierteln, Kerngehäuse entfernen und ebenfalls in feine Würfel schneiden. Den Dill waschen, trocken schütteln, Spitzen abzupfen und fein hacken.

Schalotten-, Apfelwürfel und gehackten Dill in eine Schüssel geben.

Matjesfilet und Essiggurke in kleine Würfel schneiden. Beides mit dem Sud zu den Schalotten-, Apfelwürfeln und dem gehackten Dill in die Schüssel geben.

Alles gut vermengen, nach Belieben mit Koriander bestreuen und mit Salz, Pfeffer und Zucker abschmecken.

FRISCHKÄSE-CASHEW-CREME

Pro Portion: ca. 330 kcal, 10 g E, 27 g F, 9 g KH, 1 g BST

Für 2 Portionen

ZUTATEN:

50 g Cashewkerne
100 g Frischkäse
25 g Milch (0,1 % Fett)
5 g Honig
2 g mittelscharfer Senf
frisch geriebene Muskatnuss
Salz, Pfeffer

Die Cashewkerne in einer Pfanne ohne Fett leicht anrösten. Aus der Pfanne nehmen und abkühlen lassen.

Inzwischen die restlichen Zutaten in eine Schüssel geben und mit dem Kochlöffel oder Schneebesen zu einer homogenen Masse verrühren.

Die abgekühlten Cashewkerne mit einem Messer oder in der Küchenmaschine klein hacken, unter die Frischkäsecreme heben und nochmals abschmecken.

SUPERLECKERES SPARGELBROT

Pro 100 g: ca. 226 kcal, 6 g E, 4 g F, 39 g KH, 2 g BST

Für 1 Brot (ca. 750 g)

ZUTATEN:

Teig

400 g Weizenmehl (Type 550)
300 g Wasser
7 g frische Hefe
10 g Salz
8 g Honig

Füllung

200 g grüner Spargel
25 g Olivenöl
8 g BBQ-Gewürzmischung (nach Belieben)

Außerdem

Tontopf mit Deckel o. ofenfester Topf mit Deckel

Füllung Den Spargel für die Füllung schälen und in 1 cm große Stücke schneiden.
Öl in einer Pfanne erhitzen und Spargelstücke darin ca. 1 Min. scharf anbraten. Mit BBQ-Gewürz würzen, in eine Schüssel geben und die marinierten Spargelstücke auf Zimmertemperatur abkühlen lassen.

Teig Alle Zutaten für den Teig mit einem Löffel in einer Schüssel gut verrühren. Die marinierten Spargelstücke mit dem restlichen Sud unterrühren, den Teig abdecken und 10–16 Std. im Kühlschrank reifen lassen.

Back ma's Gegen Ende der Reifezeit den Backofen mit dem Tontopf auf 250 °C Ober-/Unterhitze (Mitte) vorheizen.
Den gereiften Teig vorsichtig und langsam auf ein bemehltes Backpapier stürzen und den Teig mit Mehl bestäuben.
Jeweils zwei diagonal gegenüberliegende Teigecken mit bemehlten Händen vorsichtig in der Mitte übereinanderlegen, ebenso mit den beiden anderen Ecken verfahren.
Das Teigstück nochmals mit Mehl bestäuben und mit dem Backpapier in den vorgeheizten Tontopf setzen.
Den Tontopf mit Deckel in den heißen Ofen (Mitte) schieben und das Spargelbrot in ca. 60 Min. backen. Nach den ersten 30 Min. Backzeit die Temperatur auf 200 °C reduzieren, das Brot aus dem Tontopf heben und auf einem Backgitter im heißen Ofen in weiteren 30 Min. kross goldgelb backen.

★ AXELS BACKGEHEIMNIS

Eine superleckere und vollwertige Mahlzeit. Gelingt wunderbar auch auf dem Grill oder Smoker – aber eben auch im Tontopf oder in einer ofenfesten Form.

QUARK-EI-BROT

Pro 100 g: ca. 313 kcal, 20 g E, 14 g F, 20 g KH, 9 g BST

Für 1 Brot (ca. 500 g)

ZUTATEN:

Teig

60 g	Haferflocken
60 g	Dinkelflocken
60 g	Kürbiskerne
25 g	Chiasamen
20 g	gemahlene Flohsamenschalen
5 g	Backpulver
200 g	Magerquark (0,3 % Fett i. Tr.)
200 g	Ei

Topping

20 g	Haferflocken
20 g	Kürbiskerne

Alle trockenen Zutaten für den Teig mit einem Löffel in einer großen Schüssel gut verrühren. (Wichtig: Zuerst die trockenen Zutaten vermischen, da die Flohsamenschalen wie Kleber reagieren, sobald sie Feuchtigkeit gezogen haben.)

Magerquark und Ei dazugeben und mit einem Löffel verrühren oder den Händen verkneten, bis ein homogener Teig entsteht. Den Teig abdecken und ca. 30 Min. bei Zimmertemperatur quellen lassen.

Gegen Ende der Quellzeit den Backofen auf 180 °C Ober-/Unterhitze vorheizen und ein Backblech mit Backpapier auslegen.

Für das Topping Haferflocken und Kürbiskerne in eine Schüssel geben.

Den gequollenen Teig mit feuchten Händen zu einer Kugel formen und rundherum in den Haferflocken und Kürbiskernen wälzen.

Die ummantelte Teigkugel zu einem runden oder ovalen Brot formen und auf das Backpapier setzen.

Das Backblech in den heißen Ofen (Mitte) schieben, 20 g warmes Wasser auf den Boden des Backofens gießen und das Quark-Ei-Brot in 60–70 Min. backen.

★ AXELS WISSENSBOX

Ein Tausendsassa, weil besonders gesund! In diesem Brot treffen viele hochwertige und wertvolle Ballast- und Mineralstoffe, Magnesium, aber auch Proteine aufeinander. Also: Die volle Power!

GEILES »DIÄT«-BROT

Pro 100 g: ca. 253 kcal, 8 g E, 1 g F, 50 g KH, 3 g BST

Für 1 Brot (ca. 500 g)

ZUTATEN:

Poolish

80 g Dinkelmehl (Type 630)
100 g Wasser
0,5 g frische Hefe

Hauptteig

180 g Poolish
260 g Weizenmehl (Type 1050)
75 g Roggensauerteig (selbst gemachter Sauerteig: siehe QR-Code unten)
130 g + 70 g Wasser
5 g frische Hefe
10 g Salz

Poolish Alle Zutaten für den Poolish mit einem Löffel in einer Schüssel gut verrühren. Den Teig abdecken und ca. 16 Std. im Kühlschrank reifen lassen.

Hauptteig Alle Zutaten für den Hauptteig – bis auf 70 g Wasser – mit dem Knethaken der Küchenmaschine 5 Min. auf niedriger Stufe verkneten. Weitere 8 Min. auf hoher Stufe kneten, dabei die restlichen 70 g Wasser schluckweise dazugeben.
Den Teig in eine mit Öl ausgestrichene Frischhaltedose geben, diese leicht verschließen und den Teig 90 Min. bei Zimmertemperatur ruhen lassen. Nach 45 Min. den Teig – am besten in der Frischhaltedose – einmal stretchen und falten (siehe S. 161) und weitere 45 Min. ruhen lassen.

Back ma's Gegen Ende der Reifezeit den Backofen auf 250 °C Ober-/Unterhitze vorheizen und ein Backblech mit Backpapier auslegen.
Den gereiften Teig vorsichtig auf eine bemehlte Arbeitsfläche gleiten lassen und die rechte Teighälfte ganz vorsichtig (!) über die linke Teighälfte klappen. Den geklappten Teig behutsam mit dem Schluss nach unten auf das Backpapier setzen und ca. 20 Min. bei Zimmertemperatur ruhen lassen.
Das Backblech in den heißen Ofen (Mitte) schieben, 50 g warmes Wasser auf den Boden des Backofens gießen und das Brot in 40–45 Min. backen. Nach den ersten 10 Min. Backzeit die Temperatur auf 200 °C reduzieren.

★ AXELS BACKGEHEIMNIS

Wer gern ein Mehltattoo hätte: Nach der 20-minütigen Ruhezeit das Teigstück leicht befeuchten, Backschablone mit gewünschtem Motiv auflegen und mit Mehl besieben. Die Schablone vorsichtig entfernen.

GEILES
BROT
GEILES
BROT

POWER-KNÄCKEBROT

Pro Stück: ca. 40 kcal, 2 g E, 1 g F, 5 g KH, 1 g BST

Für 2 Backbleche o. 40 Stück

ZUTATEN:

130 g Dinkelvollkornmehl
130 g Dinkelflocken
50 g Kürbiskerne
50 g Sesamsaat
300 g Wasser
150 g Magerjoghurt (0,1 % Fett)
10 g Olivenöl
5 g Salz

Alle Zutaten mit einem Löffel in einer Schüssel gut verrühren. Den Teig abdecken und ca. 1 Std. bei Zimmertemperatur quellen lassen.

Gegen Ende der Quellzeit den Backofen auf 170 °C Umluft vorheizen und zwei Backbleche mit Backpapier auslegen.

Den gereiften Teig halbieren, jeweils auf ein Backpapier geben und gleichmäßig darauf verstreichen.

Ein Backblech in den heißen Ofen (Mitte) schieben und das Knäckebrot ca. 20 Min. anbacken.

Das Backblech nach der Backzeit aus dem Ofen nehmen, das Knäckebrot mit einem scharfen Messer oder einem Pizzaschneider in beliebig viele Stücke schneiden und im heißen Ofen in weiteren ca. 20 Min. knackig backen. (Falls es nach der angegebenen Backzeit nicht knackig ist, weitere 5 Min. in den heißen Ofen geben.) Diesen Vorgang mit dem zweiten Backblech wiederholen.

★ AXELS TIPP

Richtig gelagert – also luftdicht verpackt und vor Feuchtigkeit geschützt – halten die Knäckebrote mindestens zwei Wochen. Schmeckt besonders gut zu allen Aufstrichen und Dips, die ich euch in diesem Buch kreiert habe.

ROGGENBROT PUR

Pro 100 g: ca. 213 kcal, 5 g E, 1 g F, 42 g KH, 5 g BST

Für 1 Brot (ca. 900 g)

ZUTATEN:

Teig

550 g Roggenmehl (Type 1150)
50 g Roggensauerteig (selbst gemachter Sauerteig: siehe QR-Code unten)
450 g lauwarmes Wasser (ca. 30 °C)
5 g frische Hefe
15 g Salz
1–5 g Brotgewürz (nach Belieben)

Außerdem

runder Gärkorb o. Schüssel

Alle Zutaten für den Teig mit dem Knethaken der Küchenmaschine 10 Min. auf niedriger Stufe verkneten. Den Teig abdecken und ca. 15 Min. bei Zimmertemperatur ruhen lassen.

Den Teig auf eine bemehlte Arbeitsfläche geben und rund wirken (siehe S. 162/163).

Den Gärkorb mit Mehl bestäuben, das Teigstück mit dem Schluss nach unten hineinsetzen und abgedeckt 3–4 Std. bei Zimmertemperatur reifen lassen.

Gegen Ende der Reifezeit den Backofen mit Pizzastein (unten) auf 250 °C Ober-/Unterhitze vorheizen.

Das Teigstück vorsichtig aus dem Gärkorb auf ein Backpapier mit dem Schluss nach unten setzen. Die Teigoberseite mit einem scharfen Messer kreuzförmig einschneiden.

Das Teigstück mit dem Backpapier auf den Pizzastein im heißen Ofen setzen, 50 g warmes Wasser auf den Boden des Backofens gießen und die Temperatur auf 190 °C reduzieren. Das Roggenbrot in ca. 1 Std. knusprig backen.

BULL-HEAD-BROT

Pro 100 g: ca. 237 kcal, 8 g E, 1 g F, 46 g KH, 4 g BST

Für 1 Brot (ca. 600 g)

ZUTATEN:

400 g Ruchmehl
300 g Wasser
5 g frische Hefe
10 g Salz
8 g Zucker

Alle Zutaten mit dem Knethaken der Küchenmaschine 2 Min. auf niedriger und weitere 10 Min. auf hoher Stufe verkneten.

Den Teig in eine mit Öl ausgestrichene Frischhaltedose geben, diese leicht verschließen und ca. 10 Std. in den Kühlschrank stellen.

Den gereiften Teig auf eine bemehlte Arbeitsfläche geben, in zwei gleich große Stücke teilen und jedes rund wirken (siehe S. 162/163). Die Teigkugeln mit einem Geschirrtuch abdecken und ca. 30 Min. bei Zimmertemperatur reifen lassen.

Die beiden Teigkugeln mit bemehlten Händen zu unterschiedlichen Teigstücken formen. Eine Kugel für die Hörner des Bullen zu einem baguetteähnlichen Strang mit spitzen Enden formen: Dabei die untere Teighälfte über den Teig klappen und ihn mit leichtem Druck und mit Spannung zurückziehen. Das Ganze zweimal wiederholen und die Teigenden zu spitzen Enden formen.

Die zweite Kugel zu einem Bullengesicht formen: Dafür das obere Drittel der Kugel zu einer flachen Zunge ausrollen und die Seiten der unteren zwei Drittel zur Mitte hin einklappen. Nun das Teighorn mittig auf die Teigzunge setzen und den oberen Teil der Teigzunge über das Teighorn klappen, damit es von der Zunge ummantelt ist.

Ein Backblech mit Backpapier auslegen. Das Teigstück auf das Backpapier stürzen und ca. 1 Std. bei Zimmertemperatur reifen lassen.

Gegen Ende der Reifezeit den Backofen auf 240 °C Ober-/Unterhitze vorheizen.

Über das gereifte Bull-Head-Teigstück Mehl sieben und mit einem scharfen Messer mehrere Zierschnitte anbringen.

Das Backblech in den heißen Ofen (Mitte) schieben, 50 g warmes Wasser auf den Boden des Backofens gießen und das Bull-Head-Brot in 30–40 Min. backen.

WERTVOLLSTES WEISSBROT

Pro 100 g: ca. 225 kcal, 8 g E, 1 g F, 43 g KH, 4 g BST

Für 1 Brot (ca. 750 g)

ZUTATEN:

- 350 g Dinkel- (Type 1050) o. Weizenmehl (Type 1050)
- 100 g Dinkel- o. Weizenvollkornmehl
- 100 g Dinkel- o. Weizensauerteig (selbst gemachter Sauerteig: siehe QR-Code unten)
- 300 g Wasser
- 5 g frische Hefe
- 10 g Salz
- 8 g Zucker

Außerdem

länglicher Gärkorb

Alle Zutaten mit dem Knethaken der Küchenmaschine 2 Min. auf niedriger und weitere 8 Min. auf hoher Stufe verkneten. Den Teig abdecken und ca. 20 Min. bei Zimmertemperatur ruhen lassen.

Den Teig auf eine bemehlte Arbeitsfläche geben, rund wirken (siehe S. 162/163) und vorsichtig zu einem länglichen Brot formen (siehe S. 162).

Den Gärkorb mit Mehl bestäuben, das Teigstück mit dem Schluss nach oben hineinsetzen und 10–15 Std. im Kühlschrank reifen lassen.

Gegen Ende der Reifezeit den Backofen mit Pizzastein auf 250 °C Ober-/Unterhitze vorheizen und ein Backpapier auf eine Arbeitsfläche legen.

Den gereiften Teig vorsichtig auf das Backpapier stürzen. Die Teigoberseite mit einem scharfen Messer leicht schräg einschneiden.

Das Teigstück mit dem Backpapier auf den Pizzastein im heißen Ofen (Mitte) setzen, 50 g warmes Wasser auf den Boden des Backofens gießen und das Weißbrot in 35–45 Min. backen. Nach den ersten 15 Min. Backzeit die Temperatur auf 200 °C reduzieren.

BRÖTCHEN
ohne Reue

DIE MILLIONEN-KLICKS-BRÖTCHEN

Pro Stück: ca. 226 kcal, 7 g E, 3 g F, 39 g KH, 3 g BST

Für 9 Stück (à ca. 75 g)

ZUTATEN:

500 g	Dinkel- (Type 630) o. Weizenmehl (Type 550)
370 g	Wasser
8 g	frische Hefe
12 g	Salz
8 g	Zucker
100 g	Lieblingszutat (z. B. klein geschnittene Oliven, klein gehackter Hokkaidokürbis, Röstzwiebeln o. geriebener Käse)

Alle Zutaten mit den Händen locker in einer Schüssel verkneten, bis das Wasser gebunden ist. Den Teig abdecken und 8–12 Std. im Kühlschrank reifen lassen.

Gegen Ende der Reifezeit den Backofen mit Pizzastein (Mitte) auf 240 °C Ober-/Unterhitze vorheizen.

Den gereiften Teig vorsichtig und langsam auf eine bemehlte Arbeitsfläche gleiten lassen und in neun gleich große Quadrate teilen. Jeweils die zwei diagonal gegenüberliegenden Teigecken nacheinander vorsichtig in der Mitte übereinanderlegen, ebenso mit den beiden anderen Ecken verfahren. Die Teigstücke auf ein Backpapier setzen.

Die Teigstücke mit dem Backpapier auf den Pizzastein im heißen Ofen setzen, 50 g warmes Wasser auf den Boden des Backofens gießen und die Brötchen in ca. 20 Min. kross backen.

★ AXELS BACKGEHEIMNIS

Das Basisrezept stammt aus meinem ersten Buch *Das einfachste Brot der Welt* und hat sich mittlerweile hunderttausendfach bewährt. Deshalb kommt es auch hier noch mal vor – dieses Mal in Abwandlung mit eurer Lieblingszutat. Wie unschwer zu erkennen, ist mein Favorit die Olivenversion. Je nachdem, welche aromabestimmende Zutat ihr wählt, schmeckt das Brötchen immer wieder anders und sorgt so für Abwechslung auf eurem Frühstückstisch.

MALZIGE BURGERBRÖTCHEN

Pro Stück: ca. 228 kcal, 6 g E, 4 g F, 39 g KH, 3 g BST

Für 8 Stück (à ca. 70 g)

ZUTATEN:

Poolish
100 g Dinkelvollkornmehl
100 g Wasser
1 g frische Hefe

Hauptteig
200 g Poolish
320 g Weizenmehl (Type 550)
140 g Milch (3,5 % Fett)
50 g Malzbier
20 g natives Pflanzenöl
10 g Backmalz
6 g frische Hefe
8 g Salz

Poolish Alle Zutaten für den Poolish mit einem Löffel in einer Schüssel gut verrühren. Den Teig abdecken und ca. 12 Std. bei Zimmertemperatur reifen lassen.

Hauptteig Alle Zutaten für den Hauptteig mit dem Knethaken der Küchenmaschine 4 Min. auf niedriger und weitere 8 Min. auf hoher Stufe verkneten.
Ein Backblech mit Backpapier auslegen.
Den Teig auf eine bemehlte Arbeitsfläche geben, in acht gleich große Stücke teilen und jedes mit bemehlten Händen zu einer Kugel schleifen (siehe S. 163) und die Teigoberseite in Mehl drücken.
Die Teigkugeln mit dem Schluss nach unten auf das Backpapier setzen und mit einem Geschirrtuch 1,5–2 Std. bei Zimmertemperatur reifen lassen.

Back ma's Gegen Ende der Reifezeit den Backofen auf 240°C Ober-/Unterhitze vorheizen.
Das Backblech in den heißen Ofen (Mitte) schieben, 50 g warmes Wasser auf den Boden des Backofens gießen und die Temperatur auf 200°C reduzieren.
Die Burgerbrötchen in ca. 12 Min. backen.

DIE EINFACHSTEN KÖRNERBRÖTCHEN

Pro Stück: ca. 426 kcal, 17 g E, 10 g F, 62 g KH, 6 g BST

Für 6 Stück (à ca. 100 g)

ZUTATEN:

Brühstück

100 g Ölsaaten (z.B. Sonnenblumenkerne, Kürbiskerne, Leinsamen)
100 g kochendes Wasser

Teig

200 g Brühstück
500 g Dinkel- (Type 630) o. Weizenmehl (Type 550)
300 g Wasser
10 g frische Hefe
12 g Salz
8 g Zuckerrübensirup

Topping (nach Belieben)

50–80 g Ölsaaten (z.B. Sonnenblumenkerne, Kürbiskerne, Leinsamen)

Brühstück Alle Zutaten für das Brühstück mit einem Löffel in einer Schüssel gut verrühren. Das Brühstück abdecken und auf Zimmertemperatur abkühlen lassen.

Teig Alle Zutaten für den Teig mit einem Kochlöffel in einer Schüssel verrühren, bis das Wasser gebunden ist. Die Saaten für das Topping gleichmäßig in eine mit Öl ausgestrichene Frischhaltedose streuen und den Teig daraufgleiten lassen. Die Dose leicht verschließen und 10–15 Std. in den Kühlschrank stellen.

Back ma's Gegen Ende der Reifezeit den Backofen mit Pizzastein (Mitte) auf 240 °C Ober-/Unterhitze vorheizen. Den gereiften Teig vorsichtig und langsam auf eine bemehlte Arbeitsfläche stürzen, in sechs gleich große Quadrate teilen und auf ein Backpapier setzen.
Die Teigstücke mit dem Backpapier auf den Pizzastein im heißen Ofen setzen, 50 g warmes Wasser auf den Boden des Backofens gießen und die Körnerbrötchen in ca. 20 Min. kross backen.

⋆ AXELS TIPP

Für ganz Eilige: Wer nicht warten kann, bis das Brühstück auf Zimmertemperatur abgekühlt ist, darf es auch in den Kühlschrank stellen.

KNORZIS

Pro Stück: ca. 258 kcal, 8 g E, 1 g F, 51 g KH, 4 g BST

Für 8 Stück (à ca. 90 g)

ZUTATEN:

Poolish

100 g Weizenvollkornmehl
100 g Wasser
1 g frische Hefe

Hauptteig

200 g Poolish
450 g Weizenmehl (Type 550)
45 g Weizenvollkornmehl
350 g Wasser
8 g frische Hefe
12 g Salz

Poolish Alle Zutaten für den Poolish mit einem Löffel in einer Schüssel gut verrühren. Den Teig abdecken und ca. 16 Std. bei Zimmertemperatur reifen lassen.

Hauptteig Alle Zutaten für den Hauptteig mit dem Knethaken der Küchenmaschine 2 Min. auf niedriger und weitere 10 Min. auf hoher Stufe verkneten.
Den Teig in eine mit Öl ausgestrichene Frischhaltedose geben, diese leicht verschließen und den Teig 1 Std. bei Zimmertemperatur ruhen lassen. Nach 30 Min. den Teig – am besten in der Frischhaltedose – einmal stretchen und falten (siehe S. 161) und weitere 30 Min. ruhen lassen.
Nach der Gesamtruhezeit von 1 Std. den Teig nochmals in der Frischhaltedose stretchen und falten, die Dose wieder leicht verschließen und 10 Std. in den Kühlschrank stellen.

Back ma's Gegen Ende der Reifezeit den Backofen mit Pizzastein (Mitte) auf 250 °C Ober-/Unterhitze vorheizen.
Den gereiften Teig vorsichtig und langsam auf eine bemehlte Arbeitsfläche gleiten lassen, mit einem Teigschaber in acht gleich große Stücke teilen und vorsichtig auf ein Backpapier setzen.
Die Teigstücke mit dem Backpapier auf den Pizzastein im heißen Ofen setzen, 50 g warmes Wasser auf den Boden des Backofens gießen und die Knorzis in ca. 20 Min. backen.

KAISER

DINKEL-BUTTER-MILCH-BRÖTCHEN

Pro Stück: ca. 249 kcal, 10 g E, 5 g F, 38 g KH, 3 g BST

Für 9 Stück (à ca. 75 g)

ZUTATEN:

Kochstück
30 g Dinkelflocken
40 g Dinkelvollkornmehl
40 g Sonnenblumenkerne
150 g Wasser

Hauptteig
260 g Kochstück
340 g Dinkelmehl (Type 630)
150 g Buttermilch
10 g frische Hefe
10 g Salz
20 g Zuckerrübensirup

Topping
100 g Sonnenblumenkerne

Außerdem
9 Muffinformen

Kochstück Alle Zutaten für das Kochstück in einem Topf unter Rühren zum Kochen bringen. Sobald sich die Masse zu einem homogenen Teig verbunden hat, den Topf vom Herd nehmen und das Kochstück auf Zimmertemperatur abkühlen lassen.

Hauptteig Alle Zutaten für den Hauptteig mit dem Knethaken der Küchenmaschine 4 Min. auf niedriger und weitere 6 Min. auf hoher Stufe zu einem geschmeidigen Teig verkneten.
Den Teig in eine mit Öl ausgestrichene Frischhaltedose geben, diese leicht verschließen und den Teig 1 Std. bei Zimmertemperatur ruhen lassen. Nach 30 Min. den Teig – am besten in der Frischhaltedose – einmal stretchen und falten (siehe S. 161) und weitere 30 Min. ruhen lassen.
Die Sonnenblumenkerne für das Topping in eine Schüssel geben.
Den gereiften Teig auf eine bemehlte Arbeitsfläche geben, in neun gleich große Stücke teilen und jedes mit bemehlten Händen zu einer Kugel schleifen (siehe S. 163).
Die Oberfläche der Teigkugeln mit Wasser befeuchten und in die Sonnenblumenkerne drücken.
Die Teigkugeln mit den Kernen nach oben in die leicht mit Öl ausgestrichenen Muffinformen setzen und abgedeckt 10–12 Std. im Kühlschrank reifen lassen.

Back ma's Gegen Ende der Reifezeit den Backofen auf 240°C Ober-/Unterhitze vorheizen.
Die Muffinformen auf ein Backblech im heißen Ofen (Mitte) stellen, 50 g warmes Wasser auf den Boden des Backofens gießen und die Muffins in 15–20 Min. backen.

EINFACH GEILE »HOTDOG«-BRÖTCHEN

Pro Stück: ca. 245 kcal, 7 g E, 5 g F, 39 g KH, 4 g BST

Für 12 Stück (à ca. 75 g)

ZUTATEN:

Teig

80 g zarte Haferflocken
520 g Weizenmehl (Type 1050)
100 g Roggenvollkornmehl
400 g Wasser
50 g Hanföl
8 g frische Hefe
12 g Salz
8 g Honig

Topping

50 g Ei, verquirlt
Sesamsaat/Schwarzkümmel (nach Belieben)

Alle Zutaten für den Teig mit einem Kochlöffel in einer Schüssel verrühren, bis das Wasser gebunden ist.

Den Teig in eine mit Öl ausgestrichene Frischhaltedose geben, diese leicht verschließen und 10–16 Std. in den Kühlschrank stellen. Nach der Hälfte der Reifezeit den Teig – am besten in der Frischhaltedose – einmal stretchen und falten (siehe S. 161) und weiter reifen lassen.

Gegen Ende der Reifezeit den Backofen auf 240 °C Ober-/Unterhitze vorheizen und ein Backblech mit Backpapier auslegen.

Den gereiften Teig vorsichtig und langsam auf eine bemehlte Arbeitsfläche gleiten lassen, in zwölf gleich große Stücke teilen und jedes mit bemehlten Händen zu einer Kugel schleifen (siehe S. 163).

Die Teigkugeln jeweils längs aufrollen, auf das Backpapier setzen und abgedeckt ca. 1 Std. bei Zimmertemperatur reifen lassen.

Die gereiften Teigstücke mit verquirltem Ei bestreichen und nach Belieben mit Sesamsaat und/oder Schwarzkümmel bestreuen.

Das Backblech in den heißen Ofen (Mitte) schieben, 50 g warmes Wasser auf den Boden des Backofens gießen und die Hotdog-Brötchen in ca. 15 Min. goldbraun backen.

⋆ AXELS TIPP

Der Belag macht's, nicht das Brötchen! Von daher darf alles auf das »Hotdog«-Brötchen, was euer Essensplan hergibt und kein Hüftgold zaubert.

CHAMPIGNONAUFSTRICH

Pro Portion: ca. 74 kcal, 2 g E, 3 g F, 7 g KH, 2 g BST

Für 6 Portionen

ZUTATEN:

- 100 g Roggenbrot (3–4 Scheiben)
- 250 g Champignons
- 50 g Zwiebel
- 20 g magerer Speck (nach Belieben)
- 4 Stängel glatte Petersilie
- 20 g Hanföl
- Salz, Pfeffer

Die Brotscheiben in einer Pfanne ohne Fett leicht anrösten. Aus der Pfanne nehmen und abkühlen lassen.

Inzwischen die Champignons sauber reiben, putzen und in kleine Würfel schneiden. Zwiebel schälen und nach Belieben mit Speck in kleine Würfel schneiden. Die Petersilie waschen, trocken schütteln und klein hacken.

Hanföl in einer Pfanne erhitzen, Champignon-, Zwiebelwürfel und nach Belieben Speckwürfel darin anschwitzen. Gehackte Petersilie unterrühren, mit Salz und Pfeffer würzen und abkühlen lassen.

Inzwischen die abgekühlten Brotscheiben in kleine Stücke schneiden.

Brotstücke mit abgekühlter Champignon-Zwiebel-Masse in einem Küchen- oder mit einem Stabmixer grob pürieren. (Der Aufstrich sollte streichfähig, darf aber stückig sein.) Nach Bedarf weiteres Öl dazugeben.

EIEIEI-DIP

Pro Portion: ca. 88 kcal, 10 g E, 3 g F, 3 g KH, 1 g BST

Für 2 Portionen

ZUTATEN:

50 g Ei
40 g Schalotte
10 Stängel Schnittlauch
5 Stängel Dill
100 g Hüttenkäse
10 g mittelscharfer Senf
Salz, Pfeffer

Das Ei in ca. 8 Min. hart kochen, abschrecken und pellen.

Die Schalotte schälen und in feine Würfel schneiden. Den Schnittlauch waschen, trocken schütteln und fein hacken. Den Dill waschen, trocken schütteln, Spitzen abzupfen und ebenfalls fein hacken. Das hart gekochte Ei in feine Würfel schneiden.

Hüttenkäse, gewürfeltes Ei, gehackte Kräuter und Senf in eine Schüssel geben. Alles gut vermengen, mit Salz und Pfeffer würzen.

FRÄNKISCHE SEELEN

Pro Stück: ca. 329 kcal, 10 g E, 1 g F, 67 g KH, 3 g BST

Für 6 Stück (à ca. 120 g)

ZUTATEN:

Teig

560 g fränkisches Gelbweizenmehl o. Weizenmehl (Type 550)
400 g Wasser
6 g frische Hefe
15 g Salz

Topping (nach Belieben)

Hagelsalz, Kümmel

Alle Zutaten für den Teig mit dem Knethaken der Küchenmaschine 2 Min. auf niedriger und weitere 10 Min. auf hoher Stufe verkneten.

Den Teig in eine mit Öl ausgestrichene Frischhaltedose geben, diese leicht verschließen und 12–24 Std. in den Kühlschrank stellen.

Gegen Ende der Reifezeit den Backofen mit Pizzastein (Mitte) auf 250 °C Ober-/Unterhitze vorheizen.

Den gereiften Teig vorsichtig und langsam auf eine angefeuchtete Arbeitsfläche gleiten lassen (so klebt der Teig nicht am Tisch fest). Vom Teig mit der feuchten Handkante sechs gleich große Stücke abtrennen und vorsichtig auf ein Backpapier setzen. Nach Belieben mit Hagelsalz und Kümmel bestreuen.

Die Teigstücke mit dem Backpapier auf den Pizzastein im heißen Ofen setzen, 50 g warmes Wasser auf den Boden des Backofens gießen und die Seelen in 15–20 Min. knusprig backen.

⋆ AXELS WISSENSBOX

Ursprünglich kommt die Seele wohl aus dem Schwabenländle und wurde traditionell zum Feiertag »Allerseelen« gebacken. Mein fränkischer Heimattouch darf dabei natürlich nicht fehlen: Das fränkische Gelbweizenmehl verleiht diesen Seelen – und damit auch meiner – ihre wunderschöne Farbe.

ROGGEN-ROCKER

Pro Stück: ca. 186 kcal, 5 g E, 1 g F, 36 g KH, 4 g BST

Für 10 Stück (à ca. 80 g)

ZUTATEN:

300 g	Roggenmehl (Type 1150)
150 g	Weizenmehl (Type 550)
170 g	Roggensauerteig (selbst gemachter Sauerteig: siehe QR-Code unten)
15 g	Brotbrösel (vom Vortag oder älter)
360 g	lauwarmes Wasser
8 g	frische Hefe
10 g	Salz

Alle Zutaten mit dem Knethaken der Küchenmaschine 10 Min. auf niedriger Stufe verkneten. Den Teig abdecken und ca. 30 Min. bei Zimmertemperatur ruhen lassen.

Den Teig auf eine bemehlte Arbeitsfläche geben, in zehn gleich große Stücke teilen und jedes mit etwas Roggenmehl zu einer Kugel schleifen (siehe S. 163).

Die Teigkugeln mit dem Schluss nach unten auf ein leicht bemehltes Geschirrtuch geben und abgedeckt ca. 60 Min. bei Zimmertemperatur reifen lassen.

Gegen Ende der Reifezeit den Backofen auf 250°C Ober-/Unterhitze vorheizen und ein Backblech mit Backpapier auslegen.

Die gereiften Teigkugeln vorsichtig mit dem Schluss nach oben auf das Backpapier setzen.

Das Backblech in den heißen Ofen (Mitte) schieben, 50 g warmes Wasser auf den Boden des Backofens gießen und die Roggen-Rocker in ca. 25 Min. backen. Nach den ersten 5 Min. Backzeit die Temperatur auf 200°C reduzieren.

★ AXELS WISSENSBOX

Brotbrösel, auch »Semmelmehl« oder »Semmelbrösel« genannt, könnt ihr ganz einfach selbst herstellen: Sobald ihr eine altbackene Scheibe Brot übrig habt, auf der Vierkantreibe oder mit dem Nudelholz klein machen. Dann ab in ein Schraubglas und luftdicht verschließen. Die selbst gemachten Brotbrösel verstärken später das Aroma eurer Backwaren und besitzen sogar eine höhere Wasserbindung.

GARTEN-FOCACCIA

Pro Stück: ca. 246 kcal, 6 g E, 8 g F, 34 g KH, 2 g BST

Für 1 Backblech o. 8 Stück

ZUTATEN:

Teig

400 g Dinkelmehl (Type 630)
300 g Wasser
15 g Olivenöl
4 g frische Hefe
8 g Salz

Zum Beträufeln

50 g Olivenöl

Topping (nach Belieben)

4 rote Zwiebelscheiben
4 Zweige Rosmarin
4 Stängel Petersilie
4–6 Kirschtomaten
4–6 schwarze o. grüne Oliven
Sesamsaat, Leinsamen

Alle Zutaten für den Teig mit dem Knethaken der Küchenmaschine 2 Min. auf niedriger und weitere 10 Min. auf hoher Stufe verkneten. Den Teig abdecken und ca. 30 Min. bei Zimmertemperatur ruhen lassen.

Den Teig einmal stretchen und falten (siehe S. 161) und in eine mit Olivenöl ausgestrichene Frischhaltedose geben. Diese leicht verschließen und 16–20 Std. in den Kühlschrank stellen.

Gegen Ende der Reifezeit den Backofen auf 240 °C Ober-/Unterhitze vorheizen und ein Backblech mit Backpapier auslegen.

Den gereiften Teig vorsichtig auf das Backpapier stürzen und das Olivenöl gleichmäßig über den Teig träufeln.

Den Teig in Form bringen, dafür mit gespreizten Fingern Vertiefungen in den Teig drücken und das Olivenöl leicht in den Teig einmassieren. (Wichtig: Den Teig keinesfalls platt drücken!) Mit einer Gabel vollflächig alle 1–2 cm in den Teig stechen (igeln).

Das Topping nach Belieben klein schneiden und kunstvoll auf den Teig aufbringen, wie hier z. B. als Blumen.

Das Backblech in den heißen Ofen (Mitte) schieben, 50 g warmes Wasser auf den Boden des Backofens gießen und die Garten-Focaccia in ca. 15 Min. goldgelb backen.

★ **AXELS TIPP**

Egal ob als Blumen, Schmetterlinge oder Bienen: Eurer Kreativität sind keine Grenzen gesetzt, wenn es ums Belegen der Focaccia geht. Also: Auf geht's!

KNUSPRIGE BURGERBRÖTCHEN

Pro Stück: ca. 195 kcal, 6 g E, 4 g F, 31 g KH, 2 g BST

Für 8 Stück (à ca. 65 g)

ZUTATEN:

Teig
340 g Dinkelmehl (Type 630)
210 g Milch (0,1 % Fett)
30 g Sesamöl
8 g frische Hefe
8 g Salz
10 g Zuckerrübensirup

Topping
Wasser o. Milch
Sesamsaat/Schwarzkümmel (nach Belieben)

Alle Zutaten für den Teig mit dem Knethaken der Küchenmaschine 4 Min. auf niedriger und weitere 8 Min. auf hoher Stufe verkneten. Den Teig abdecken und ca. 30 Min. bei Zimmertemperatur ruhen lassen.

Gegen Ende der Ruhezeit ein Backblech mit Backpapier auslegen.

Den gereiften Teig auf eine bemehlte Arbeitsfläche geben, in acht gleich große Stücke teilen und jedes mit bemehlten Händen zu einer Kugel schleifen (siehe S. 163).

Die Teigkugeln auf das Backpapier setzen, mit einem Geschirrtuch abdecken, 10–12 Std. im Kühlschrank und danach 1 Std. bei Zimmertemperatur reifen lassen.

Gegen Ende der Reifezeit den Backofen auf 250 °C Ober-/Unterhitze vorheizen.

Die gereiften Teigstücke mit Milch oder Wasser bestreichen und nach Belieben mit Sesamsaat und/oder Schwarzkümmel bestreuen.

Das Backblech in den heißen Ofen (Mitte) schieben, 50 g warmes Wasser auf den Boden des Backofens gießen und die Burgerbrötchen in ca. 12 Min. backen.

★ AXELS WISSENSBOX

Auch hier gilt: Hochwertige Rohstoffe bringen hochwertige Nährstoffe. Und das ist nicht nur bei den Brötchen der Fall, sondern auch beim Belag. Bedient euch also gern bei einem unserer »Feel Free«-Aufstriche in diesem Buch …

VOLLKORNBRÖTCHEN WEIZENSTYLE

Pro Stück: ca. 189 kcal, 6 g E, 1 g F, 34 g KH, 6 g BST

Für 8 Stück (à ca. 80 g)

ZUTATEN:

450 g	Weizenvollkornmehl
370 g	Wasser
8 g	frische Hefe
12 g	Salz
10 g	Honig

Alle Zutaten mit einem Kochlöffel in einer Schüssel verrühren, bis das Wasser gebunden ist. Den Teig abdecken und ca. 30 Min. bei Zimmertemperatur ruhen lassen.

Den gereiften Teig einmal stretchen und falten (siehe S. 161) und in eine mit Öl ausgestrichene Frischhaltedose geben. Diese leicht verschließen und 10–16 Std. in den Kühlschrank stellen.

Gegen Ende der Reifezeit den Backofen auf 250 °C Ober-/Unterhitze vorheizen und ein Backblech mit Backpapier auslegen.

Den gereiften Teig vorsichtig und langsam auf eine bemehlte Arbeitsfläche gleiten lassen, in acht gleich große Stücke teilen und jedes mit bemehlten Händen vorsichtig aufrollen.

Die Teigstücke mit dem Schluss nach unten auf das Backpapier setzen.

Das Backblech in den heißen Ofen (Mitte) schieben, 50 g warmes Wasser auf den Boden des Backofens gießen und die Vollkornbrötchen in 15–18 Min. backen.

⋆ AXELS BACKGEHEIMNIS

Wer mag: Für eine rustikale Optik – Weizenstyle-Rocker halt! – die Brötchen vor dem Backen noch mit Weizenvollkornmehl bestäuben.

WUNDERBRÖTCHEN

Pro Stück: ca. 332 kcal, 13 g E, 20 g F, 19 g KH, 10 g BST

Für 12 Stück (à ca. 75 g)

ZUTATEN:

Teig

100 g gepuffter Dinkel
100 g Dinkelflocken
50 g Haferflocken
50 g Sojaschrot o. Erbsenschrot
100 g Kürbiskerne
50 g Sonnenblumenkerne
50 g Leinsamen
25 g Chiasamen
40 g gemahlene Flohsamenschalen
18 g Salz
450 g Wasser
40 g Pflanzenöl
15 g Honig o. Zuckerrübensirup

Topping

200 g Sesamsaat

Alle trockenen Zutaten für den Teig mit einem Löffel in einer Schüssel gut verrühren. (Wichtig: Zuerst die trockenen Zutaten vermischen.) Wasser, Öl und Honig dazugeben und mit den Händen gründlich verkneten.

Den Teig abdecken und ca. 1 Std. bei Zimmertemperatur quellen lassen.

Gegen Ende der Quellzeit den Backofen (Mitte) auf 175 °C Umluft vorheizen und ein Backblech mit Backpapier auslegen.

Die Sesamsaaten für das Topping in eine Schüssel geben.

Den gequollenen Teig mit feuchten Händen in zwölf Stücke à 90 g teilen und jedes zu einer kompakten Kugel formen. (Es dürfen keine Luftlöcher entstehen, da die Kugeln sonst zerbröseln.)

Die Teigkugeln rundherum in den Saaten wälzen und mit genügend Abstand auf das Backpapier setzen.

Das Backblech in den heißen Ofen schieben (Mitte) und die Wunderbrötchen in 40–45 Min. backen. (Wer es ganz genau wissen will, kann mit einem Küchenthermometer die Kerntemperatur der Wunderbrötchen messen: Sobald sie 96 °C erreicht haben, sind die Brötchen perfekt.)

★ **AXELS WISSENSBOX**

Mit Ausnahme der Flohsamenschalen können alle festen Zutaten nach euren Vorlieben getauscht oder ersetzt werden. Nur das Gesamtgewicht sollte zum Schluss das Gleiche betragen. Die Wunderbrötchen schmecken am besten, nachdem sie einen Tag gereift sind, und bleiben luftig gelagert etwa zwei Wochen frisch.

KNABBEREIEN
für zwischendurch

SULTANINEN-INGWER-RIEGEL

Pro Stück: ca. 90 kcal, 2 g E, 0 g F, 19 g KH, 1 g BST

Für 5-6 kleine Riegel (à ca. 40 g)

ZUTATEN:

Masse

20 g Sultaninen
20 g kandierter Ingwer
50 g gepuffter Dinkel
30 g Dinkelflocken
100 g Apfelmus
25 g flüssiger Honig
1 Prise Kurkuma
Salz

Außerdem

Riegelform

Sultaninen und Ingwer für den Teig mit einem Messer oder in der Küchenmaschine auf Haferflockengröße zerkleinern und in eine Schüssel geben.

Die restlichen Zutaten für den Teig zu den gehackten Sultaninen und zum gehackten Ingwer in die Schüssel geben und alles gut verrühren. Die Masse abdecken und ca. 30 Min. bei Zimmertemperatur quellen lassen.

Gegen Ende der Quellzeit den Backofen mit Backgitter auf 180 °C Umluft vorheizen.

Die Masse in die Formen füllen und mit viel Druck von oben zusammenpressen. (Wichtig: Es dürfen keine Luftlöcher entstehen.)

Die Backform auf das Gitter im heißen Ofen (Mitte) stellen und die Riegel 15–20 Min. backen.

⋆ AXELS TIPP

Auf Seite 114 findet ihr noch eine weitere Geschmacksrichtung - nämlich den Erdnuss-Cranberry-Riegel. Einfach beide Powersnacks zusammen herstellen, dann spart ihr Zeit und habt zugleich zwei geschmacklich unterschiedliche Pausenriegel samt Boostereffekt!

LECKER CRACKER

Pro Portion: ca. 354 kcal, 12 g E, 2 g F, 66 g KH, 6 g BST

Für 1 Backblech o. 2 Portionen

ZUTATEN:

Poolish
100 g Dinkelvollkornmehl
100 g Wasser
0,5 g frische Hefe

Hauptteig
200 g Poolish
100 g Dinkelmehl (Type 630)
2 g Backpulver
6 g Salz

Topping
Wasser
BBQ-Rub-Gewürzmischung

Poolish Alle Zutaten für den Poolish mit einem Löffel in einer Schüssel gut verrühren. Den Teig abdecken und ca. 16 Std. im Kühlschrank reifen lassen.

Hauptteig Alle Zutaten für den Hauptteig mit dem Knethaken der Küchenmaschine 4 Min. auf niedriger und weitere 4 Min. auf hoher Stufe verkneten.

Back ma's Den Backofen auf 170 °C Umluft vorheizen und ein Backblech mit Backpapier auslegen.
Den Teig auf eine bemehlte Arbeitsfläche geben und ca. 2 mm dünn auf Backblechgröße ausrollen.
Den Teig leicht mit Wasser bestreichen, mit der Gewürzmischung einreiben und mit der gewürzten Teigseite nach unten vorsichtig auf das Backpapier setzen. Die Teigoberseite ebenfalls leicht mit Wasser bestreichen und mit der Gewürzmischung einreiben.
Die gewürzte »Teigmatte« mit einem scharfen Messer in chipsähnlich große Stücke schneiden.
Das Backblech in den heißen Ofen (Mitte) schieben und die Cracker in ca. 20 Min. knusprig backen. Während des Backvorgangs die Backofentür zwei- bis dreimal kurz öffnen und die Feuchtigkeit entweichen lassen.

MINI-FLAMMKUCHEN

Pro Stück: ca. 45 kcal, 1 g E, 1 g F, 7 g KH, 0 g BST

Für ca. 30 Stück (à ca. 20 g)

ZUTATEN:

Teig

330 g Dinkel- (Type 630) o. Weizenmehl (Type 405)
200 g Wasser
10 g Olivenöl
2 g frische Hefe
8 g Salz

Belag

50 g rote Zwiebel
100 g Schmand
fettarmer Speck (nach Belieben)
Salz, Pfeffer

Alle Zutaten für den Teig mit dem Knethaken der Küchenmaschine 4 Min. auf niedriger und weitere 4 Min. auf hoher Stufe verkneten. Den Teig abdecken und 1–24 Std. im Kühlschrank reifen lassen.

Gegen Ende der Reifezeit den Backofen mit Pizzastein (Mitte) auf 250 °C Ober-/Unterhitze vorheizen.

Die Zwiebel für den Belag schälen und in feine Ringe schneiden.

Den gereiften Teig auf eine bemehlte Arbeitsfläche geben und 2–3 mm dünn ausrollen. Aus dem Teig ca. 30 Kreise à ca. 5 cm Durchmesser ausstechen und auf ein Backpapier setzen.

Die runden Teigböden mit Schmand bestreichen, mit Zwiebelringen belegen und mit Salz und Pfeffer würzen.

Die belegten Teigböden mit dem Backpapier auf den Pizzastein im heißen Ofen setzen und die Mini-Flammkuchen in 3–5 Min. backen.

★ AXELS BACKGEHEIMNIS

Die Mini-Flammkuchen lassen sich auch wunderbar einfrieren. Dazu die Backzeit auf ca. 2 Minuten reduzieren, die angebackenen Flammkuchen auskühlen lassen – und ab damit in den Gefrierschrank. Zum passenden Anlass können sie superschnell im Toaster mit einem Toast Bag (wiederverwendbare Dauerbackfolie) fertig gebacken werden.

ZUPFBROT

Pro Stück: ca. 155 kcal, 4 g E, 3 g F, 26 g KH, 1 g BST

Für 1 Brot (ca. 800 g) o. 14 Stück

ZUTATEN:

Teig
500 g Weizenmehl (Type 550)
370 g Wasser
8 g frische Hefe
12 g Salz
8 g Zucker

Belag
10 g frische Kräuter o. Gewürzmischung
50 g Butterflocken

Außerdem
Springform (24 cm Durchmesser)

Alle Zutaten für den Teig mit den Händen locker in einer Schüssel verkneten, bis das Wasser gebunden ist.

Den Teig in eine mit Öl ausgestrichene Frischhaltedose geben, diese leicht verschließen und 10–20 Std. in den Kühlschrank stellen.

Gegen Ende der Reifezeit den Backofen auf 240 °C Ober-/Unterhitze vorheizen.

Den gereiften Teig vorsichtig und langsam auf eine bemehlte Arbeitsfläche gleiten lassen. Den Teig vorsichtig und mit gespreizten Fingern zu einer rechteckigen Form (20 x 30 cm) flach drücken und mit Kräutern oder Gewürzmischung für den Belag bestreuen.

Das Teigrechteck mit einem leicht befeuchteten Teigschaber oder Pizzaschneider der Länge nach mittig teilen und im Abstand von 3 cm in Längsstreifen (3 x 10 cm) schneiden.

Jeweils die Teigstreifen vorsichtig aufrollen und mit dem Anschnitt nach oben in eine mit Öl ausgestrichene Springform setzen. Diesen Vorgang mit allen Teigstreifen wiederholen. Die Butterflocken für den Belag gleichmäßig über die Teigstücke verteilen.

Die Springform auf ein Backgitter im heißen Ofen (Mitte) stellen, 50 g warmes Wasser auf den Boden des Backofens gießen und das Zupfbrot in 20–25 Min. knusprig backen.

RUCOLA-PUTEN-WAHNSINN

Pro Portion: ca. 162 kcal, 10 g E, 12 g F, 2 g KH, 0 g BST

Für 4 Portionen

ZUTATEN:

50 g Schalotte
100 g gegarter Putenbrustschinken
30 g Rucola
5 Stängel krause Petersilie
150 g Frischkäse
2 g geräuchertes Paprikapulver
Salz, Pfeffer

Die Schalotte schälen und in feine Würfel schneiden. Die Putenbrust in kleine Würfel schneiden. Rucola und Petersilie waschen, trocken schütteln und klein hacken.

Frischkäse, Schalotten-, Putenbrustwürfel, gehackten Rucola und gehackte Petersilie in eine Schüssel geben.

Alles gut vermengen, mit Paprikapulver, Salz und Pfeffer würzen.

GRIECHISCHER FETAAUFSTRICH

Pro Portion: ca. 239 kcal, 17 g E, 17 g F, 2 g KH, 0 g BST

Für 4 Portionen

ZUTATEN:

250 g Feta (griechischer Schafskäse)
1 Knoblauchzehe
5 Stängel Dill
5 Stängel glatte Petersilie
2 Thymianspitzen
200 g Magerquark (0,3 % Fett i. Tr.)
10 g Olivenöl
Salz, Pfeffer

Den Feta mit einer Gabel in einer Schüssel zerdrücken.

Den Knoblauch schälen und fein hacken. Den Dill waschen, trocken schütteln, Spitzen abzupfen und fein hacken. Petersilie und Thymian waschen, trocken schütteln und fein hacken.

Gehackten Knoblauch und gehackte Kräuter mit Magerquark und Olivenöl zu dem Feta in die Schüssel geben.

Alles gut vermengen, mit Salz und Pfeffer würzen.

CREMIGE BROTZEITPLATTE

Pro Portion: ca. 532 kcal, 18 g E, 22 g F, 60 g KH, 4 g BST

Für 2-3 Portionen

ZUTATEN:

300 g Baguette oder Lieblingsbrot (am besten mit Sauerteig)

Dip

25 g rote Zwiebel
1 Frühlingszwiebel
1 rote Chilischote
etwas Petersilie u./o. Schnittlauch (nach Belieben)
200 g Frischkäse
10 g fermentierte Pfefferkörner
2-5 g grobes Meersalz
2 Msp. Pfeffer o. Lieblings-Gewürzmischung
1 Msp. Currypulver

Das Brot in Scheiben schneiden und im Toaster oder Backofen knusprig anbacken.

Die Zwiebel für den Dip schälen, halbieren und in Streifen schneiden. Die Frühlingszwiebel waschen, putzen und in dünne Ringe schneiden. Die Chilischote waschen, putzen, entkernen und ebenfalls in Ringe schneiden. Nach Belieben Petersilie waschen, trocken schütteln und zerzupfen und/oder Schnittlauch waschen, trocken schütteln und in feine Röllchen schneiden.

Den Frischkäse gleichmäßig auf ein Brotzeit- oder Schneidebrett streichen, Zwiebelstreifen, Frühlingszwiebel- und Chiliringe und nach Belieben zerzupfte Petersilie und/oder Schnittlauchröllchen gleichmäßig darauf verteilen.

Dip mit den restlichen Gewürzen bestreuen und als Brotzeitplatte servieren. Mit dem Brot hineindippen – und genießen!

★ AXELS TIPP

Mein absoluter Lieblingssnack! Die Brotzeitplatte esse ich mit Freunden am Abend wahnsinnig gern – Essen ist ja sozialer Kitt, und wenn alle zusammen dippen, dann stärkt es das Gemeinschaftsgefühl. Damit es geschmacklich nicht langweilig wird, können Kräuter und Gemüse gut ausgetauscht werden. Hervorragend passt hierzu auch das Knusperbrot (siehe S. 108)!

KNUSPERBROT

Pro Portion: ca. 450 kcal, 13 g E, 11 g F, 61 g KH, 10 g BST

Für 1 Backblech o. 2 Portionen

ZUTATEN:

Teig
100 g Roggenmehl (Type 1150)
100 g Dinkelvollkornmehl
150 g Wasser
10 g Olivenöl
2 g frische Hefe
4 g Salz
2 g Brotgewürz

Topping
10 g Sesamsaat
10 g Leinsamen
Fleur de Sel

Alle Zutaten für den Teig mit dem Knethaken der Küchenmaschine 4 Min. auf niedriger und weitere 4 Min. auf hoher Stufe verkneten.

Den Teig in eine mit Öl ausgestrichene Frischhaltedose geben, diese leicht verschließen und 10–16 Std. im Kühlschrank reifen lassen.

Gegen Ende der Reifezeit den Backofen auf 220 °C Ober-/Unterhitze vorheizen und ein Backblech mit Backpapier auslegen.

Den gereiften Teig auf eine bemehlte Arbeitsfläche geben und 2–3 mm dünn auf Backblechgröße ausrollen.

Den Teig auf das Backpapier geben und leicht mit Wasser bestreichen. Mit Sesamsaat und Leinsamen bestreuen und mit Fleur de Sel würzen.

Das Backblech in den heißen Ofen (Mitte) schieben und das Brot in ca. 10 Min. knusprig backen. (Lieber etwas länger als zu kurz im Ofen belassen.)

Das Backblech nach der Backzeit aus dem Ofen nehmen, das Knusperbrot abkühlen lassen und in handliche Stücke brechen.

★ AXELS BACKGEHEIMNIS
Durch die lange Fermentationszeit des Teigs von 10–16 Stunden wird auch dieser Snack zu einem gut bekömmlichen Lieferanten von wertvollen Kohlenhydraten, die uns lange satt machen und Heißhunger verhindern.

ZERO-WASTE-PIZZA FÜR SIZE-ZERO-GRÖSSEN

Insgesamt (mit Mozzarella): ca. 1263 kcal, 54 g E, 61 g F, 112 g KH, 8 g BST

Für 1 Portion

ZUTATEN:

Teig
150 g altbackene Brötchen
3 g Backpulver
2 g Salz
150 g Wasser
8 g Olivenöl

Belag
140 g ganze Tomaten (aus der Dose)
10 g Olivenöl
Salz, Pfeffer
200 g geriebener Käse o. Mozzarella (nach Belieben)
frisches Basilikum (nach Belieben)

Außerdem
Tortenring (ca. 24 cm Durchmesser)

Den Backofen mit Backblech (unten) auf 250 °C Ober-/Unterhitze vorheizen.

Die Brötchen für den Teig auf einer Vierkantreibe in einer Schüssel zu Semmelmehl reiben.

Backpulver und Salz zu dem Semmelmehl in die Schüssel geben und mit den Händen vermengen. Wasser und Olivenöl dazugeben und mit den Händen zu einem homogenen Teig verkneten.

Ein Backpapier auf die Arbeitsfläche legen und einen Tortenring daraufsetzen. Den Teig in den Tortenring geben, gleichmäßig darin verteilen und festdrücken.

Den Tortenring vom Teigboden ablösen. Den Teigboden mit dem Backpapier auf das Backblech im heißen Ofen setzen und ca. 15 Min. anbacken.

Inzwischen die Tomaten für den Belag in eine Schüssel geben und mit einem Löffel zerdrücken. Olivenöl dazugeben und die Tomatensoße mit Salz und Pfeffer würzen.

Den angebackenen Teigboden mit dem Backpapier aus dem Ofen nehmen und mit Tomatensoße bestreichen. Nach Belieben mit Käse und Basilikum belegen.

Den belegten Teigboden mit dem Backpapier auf das Backblech (Mitte) im heißen Ofen setzen und die Pizza in 5–8 Min. bei 250 °C Ober-/Unterhitze fertig backen.

BROTPOMMES

Pro Portion: ca. 427 kcal, 11 g E, 9 g F, 69 g KH, 9 g BST

Für 1 Backblech o. 2 Portionen

ZUTATEN:

250 g altbackene Brotscheiben

Marinade

15 g Olivenöl
2 g Salz
2 g geräuchertes Paprikapulver
2 g Currypulver

Den Backofen auf 180 °C Umluft vorheizen und ein Backblech mit Backpapier auslegen.

Alle Zutaten für die Marinade mit einem Löffel in einer großen Schüssel gut verrühren.

Die Brotscheiben in pommesähnlich große Stücke schneiden, durch die Marinade schwenken und locker auf dem Backpapier verteilen.

Das Backblech in den heißen Ofen (Mitte) schieben und die Brotpommes in ca. 10 Min. knusprig backen.

★ **AXELS TIPP**

Ihr habt Brot übrig, das nicht mehr ganz so fresh ist? Dann macht doch Brotpommes draus – der perfekte Snack für zwischendurch, den Filmabend oder als Abendessen mit Dip!

ERDNUSS-CRANBERRY-RIEGEL

Pro Stück: ca. 155 kcal, 3 g E, 4 g F, 24 g KH, 3 g BST

Für 5-6 kleine Riegel (à ca. 50 g)

ZUTATEN:

Masse

75 g getrocknete Cranberrys
20 g Kürbiskerne
20 g gesalzene Erdnüsse
25 g flüssiger Honig
75 g Haferflocken
110 g Apfelmus
1 g Kurkuma
Salz

Außerdem

Riegelform

Cranberrys, Kürbiskerne und Erdnüsse für den Teig mit einem Messer oder in der Küchenmaschine auf Haferflockengröße zerkleinern.

Gehackte Kürbiskerne und Erdnüsse in einer Pfanne anrösten, zum Schluss gehackte Cranberrys dazugeben. Alles mit Honig ablöschen, gut verrühren und in eine Schüssel geben.

Die restlichen Zutaten zu der Honig-Cranberry-Nuss-Masse in die Schüssel geben und alles gut verrühren. Die Masse abdecken und ca. 30 Min. bei Zimmertemperatur quellen lassen.

Gegen Ende der Quellzeit den Backofen mit Backgitter auf 180 °C Umluft vorheizen.

Die Masse in die Formen füllen und mit viel Druck von oben zusammenpressen. (Wichtig: Es dürfen keine Luftlöcher entstehen.)

Die Backform auf das Gitter im heißen Ofen (Mitte) stellen und die Riegel in 15–20 Min. backen.

★ AXELS WISSENSBOX

Für den kleinen Hunger zwischendurch: Nichts Schweres, sondern etwas Leichtes und zugleich Nervenstärkendes, denn der Müsliriegel liefert wertvolle Mineralstoffe, Vitamine und Ballaststoffe.

SÜNDIG SÜSSES
zur Belohnung

BLITZ-HAFER-COOKIES

Pro Stück: ca. 66 kcal, 3 g E, 2 g F, 7 g KH, 1 g BST

Für 10 Stück (à ca. 20 g)

ZUTATEN:

1	reife Banane
70 g	zarte Haferflocken
80 g	Magerquark (0,3 % Fett i. Tr.)
40 g	Erdnussbutter
2 g	Backpulver
2 g	Kakaopulver
1 g	Zimt

Die Banane schälen und mit einer Gabel in einer Schüssel zu Mus verarbeiten. Die restlichen Zutaten dazugeben und alles gut verrühren.

Den Backofen auf 180 °C Umluft vorheizen und ein Backblech mit Backpapier auslegen.

Die Masse mit einem Eisportionierer oder Löffel zu ca. 30 g schweren Kugeln formen, leicht flach drücken und mit genügend Abstand auf das Backpapier setzen.

Das Backblech in den heißen Ofen (Mitte) schieben und die Cookies ca. 15 Min. backen, bis sie außen goldgelb und in der Mitte noch ein wenig weich sind.

SPEEDY APFELKUCHEN

Insgesamt: ca. 921 kcal, 24 g E, 30 g F, 128 g KH, 11 g BST

Für 1 Kuchen

ZUTATEN:

Teig

- 150 g altbackenes Baguette, Brötchen o. Brot
- 100 g Vanillemilch
- 10 g weiche Butter
- 30 g Crème fraîche

Topping

- 1 Apfel
- 2 g Zimt
- 10 g Zucker
- 20 g Mandelstifte

Außerdem

Kastenform (ca. 10 x 24 cm)

Den Backofen auf 185 °C Umluft vorheizen.

Das Baguette für den Teig halbieren und auf die Länge der Backform zuschneiden. Eine Baguettehälfte mit der Oberseite nach unten in eine mit Öl ausgestrichene Backform geben.
Die Baguettehälfte mit Vanillemilch begießen, mit Butter und dann mit Crème fraîche bestreichen.

Den Apfel für das Topping schälen, vierteln und das Kerngehäuse entfernen. Die Apfelviertel in dünne Spalten schneiden.

Das bestrichene Baguette mit den Apfelspalten belegen, mit Zimt, Zucker und Mandelstiften bestreuen.

Die Backform auf ein Backgitter im heißen Ofen stellen (Mitte) und den Apfelkuchen in 15–20 Min. backen.

★ AXELS TIPP

So lecker kann Apfelkuchen aus altbackenem Baguette schmecken! Wer bei all der Ernährungsumstellung also mal Lust auf ein Stück Kuchen hat, ist hiermit bestens beraten – und hat sogleich noch Brot gerettet! Das restliche Baguette kann zu Semmelmehl verarbeitet und in einem Schraubglas bevorratet werden.

LECKERE AVOCADO-BROWNIES

Pro Stück: ca. 79 kcal, 2 g E, 4 g F, 7 g KH, 2 g BST

Für 15 Stück (à ca. 35 g)

ZUTATEN:

Teig

2 reife Avocados
2 reife Bananen
30 g zarte Haferflocken
10 g Honig
Saft von ½ Bio-Limette
200 g Ei
15 g Kokosblütenzucker
10 g Kakaopulver
5 g Lebkuchengewürz

Außerdem

Backform (ca. 20 x 20 cm)

Den Backofen auf 180 °C Umluft vorheizen.

Die Avocados für den Teig halbieren, die Kerne entfernen und das Fruchtfleisch mit einem Löffel aus den Schalen lösen.

Die Bananen schälen und zusammen mit dem Avocadofleisch und den restlichen Zutaten in einem Küchen- oder mit einem Stabmixer fein pürieren.

Die Avocado-Bananen-Masse in eine mit Öl ausgestrichene Backform geben und glatt streichen.

Die Backform auf das Backgitter im heißen Ofen stellen (Mitte) und die Brownies in 30–40 Min. backen. (Lieber etwas länger als zu kurz im Ofen belassen.)

Die Backform nach der Backzeit aus dem Ofen nehmen, abkühlen lassen und die Avocado-Brownies in 15 gleich große Stücke schneiden.

SPECIAL-SPARGEL-KÄSEKUCHEN

Pro Stück: ca. 272 kcal, 8 g E, 12 g F, 30 g KH, 1 g BST

Für 1 Kuchen o. 8 Stück

ZUTATEN:

Mürbeteig
- 150 g Weizenmehl (Type 405)
- 50 g Zucker
- 75 g weiche Butter
- 25 g verquirltes Ei

Spargelmousse
- 180 g weißer Spargel
- 200 g Wasser
- 50 g Zucker
- ½ Vanilleschote

Quarkmasse
- 150 g Spargelmousse
- 15 g Hartweizengrieß
- 200 g Speisequark (40 % Fett i. Tr.)
- 100 g Ei
- 15 g Zucker
- Salz

Topping
- 4 Stangen weißer Spargel
- 25 g verquirltes Ei zum Bestreichen

Außerdem
- Springform (20 cm Durchmesser)

Mürbeteig Alle Zutaten für den Mürbeteig mit den Händen in einer Schüssel zu einem homogenen Teig verkneten. Den Teig abdecken und ca. 15 Min. in den Kühlschrank stellen.

Spargelmousse Den Spargel für das Mousse schälen, die Spitzen abschneiden und beiseitelegen.
Spargelstangen in einer Pfanne mit Wasser, Zucker und Vanille zum Kochen bringen und in 5–10 Min. weich kochen. Die Spargelstangen aus der Pfanne nehmen, beiseitelegen und den Sud einkochen, bis ein karamellfarbener Sirup mit honigähnlicher Konsistenz entsteht. Spargelspitzen kurz im Karamell andünsten, aus der Pfanne nehmen und beiseitelegen. Den Sirup in einen Küchenmixer geben. Weich gekochte Spargelstangen zu dem Sirup in den Küchenmixer geben, alles fein pürieren und auf Zimmertemperatur abkühlen lassen.

Den gekühlten Teig aus dem Kühlschrank nehmen, auf eine bemehlte Arbeitsfläche geben und zu einer ca. 4 mm dünnen Scheibe (23–24 cm Durchmesser) ausrollen. Die Teigscheibe in eine mit Öl ausgestrichene Springform geben, gleichmäßig am Boden festdrücken und einen 3–4 cm hohen Teigrand hochziehen; beiseitestellen.

Quarkmasse Alle Zutaten für die Quarkmasse mit dem Schneebesen in einer Schüssel zu einer homogenen Masse verrühren.

Back ma's Den Backofen auf 180 °C Umluft vorheizen.
Die karamellisierten Spargelspitzen gleichmäßig auf dem Teigboden verteilen und die Quarkmasse gleichmäßig daraufgeben. Den Spargel für das Topping schälen und jeweils längs in zwölf dünne Scheiben schneiden. Die Spargelscheiben zifferblattähnlich auf dem Kuchen anordnen und die Kuchenoberfläche mit dem verquirlten Ei bestreichen.
Die Springform auf ein Gitter im heißen Ofen (Mitte) stellen und den Spargel-Käsekuchen in 40–50 Min. backen.

DREI-MINUTEN-DIP »CURRY-DATTEL«

Pro Portion: ca. 297 kcal, 9 g E, 20 g F, 18 g KH, 2 g BST

Für 4 Portionen

ZUTATEN:

100 g entsteinte Datteln
250 g Frischkäse
50 g Magerquark (0,3 % Fett i. Tr.)
5 g Currypulver »Madras«
Salz, Pfeffer
Chiliflocken (nach Belieben)

Die Datteln fein hacken und in eine Schüssel geben.

Frischkäse, Quark und Currypulver dazugeben und alles gut vermengen.

Mit Salz, Pfeffer und nach Belieben mit Chiliflocken würzen.

NUSS-SCHOKO-CREME

Pro Portion: ca. 98 kcal, 2 g E, 6 g F, 6 g KH, 2 g BST

Für 300 g o. 15 Portionen

ZUTATEN:

75 g	entsteinte Datteln
150 g	Haselnusskerne
15 g	Wasser
35 g	brauner Zucker
30 g	Kakaopulver
Mark von ½	Vanilleschote
1 Prise	Salz

Den Backofen auf 180 °C Umluft vorheizen.

Inzwischen Datteln klein hacken und Haselnüsse auf ein Backblech geben.

Das Backblech in den heißen Ofen (Mitte) schieben und die Haselnüsse in 5–8 Min. goldbraun rösten, bis die Haut aufplatzt.

Das Backblech nach der Backzeit aus dem Ofen nehmen und die Nüsse kurz abkühlen lassen. Die aufgeplatzten Nüsse in ein Geschirrtuch einschlagen und so lange aneinanderreiben, bis sich die Haut von den Kernen löst.

Gehackte Datteln mit Wasser in einem Küchen- oder mit einem Stabmixer pürieren. Die gehäuteten Nüsse nach und nach dazugeben und alles pürieren. Die restlichen Zutaten zugeben und alles fein pürieren. Nach Bedarf weiteres Wasser zugießen.

SPEKULATIUS-WAFFELN

Pro Stück: ca. 527 kcal, 7 g E, 29 g F, 55 g KH, 2 g BST

Für 5 Stück

ZUTATEN:

Teig

170 g	Butter
100 g	Zucker
50 g	Ei
250 g	Dinkelmehl (Type 630)
3 g	Backpulver
8 g	Spekulatiusgewürz

Außerdem

Waffeleisen

Butter, Zucker und Eier für den Teig mit der Hand in einer Schüssel vermengen. Die restlichen Zutaten dazugeben und mit den Händen zu einem homogenen Teig verkneten.

Den Teig in Frischhaltefolie einrollen und mindestens 30 Min. in den Kühlschrank geben.

Gegen Ende der Kühlzeit das Waffeleisen vorheizen.

Den gekühlten Teig auf eine bemehlte Arbeitsfläche geben, in fünf gleich große Stücke teilen und jedes zu einer kompakten Kugel rollen. Dann die Teigkugeln auf Waffeleisengröße ausrollen.

Den Teig auf die untere Heizplatte des Waffeleisens geben, das Waffeleisen schließen und bei drei Viertel der Leistung die Spekulatius-Waffel in ca. 7 Min. knusprig backen. Diesen Vorgang für vier weitere Waffeln wiederholen.

APFEL-BIRNEN-CRUMBLE

Pro Portion: ca. 352 kcal, 4 g E, 15 g F, 46 g KH, 5 g BST

Für 3 Portionen

ZUTATEN:

Teig

- 1 Birne
- 1 Apfel
- 40 g Kokosblütenzucker o. brauner Zucker
- 2 g Zimt
- 40 g Haferflocken
- 50 g Dinkelvollkornmehl
- 50 g weiche Butter

Außerdem

3 ofenfeste Schüsseln

Den Backofen auf 190 °C Umluft vorheizen.

Birne und Apfel waschen, vierteln und die Kerngehäuse entfernen. Die Apfel- und Birnenviertel mit Schale in 1 cm große Würfel schneiden und in eine Schüssel geben. Die Obstwürfel mit 20 g Zucker und Zimt marinieren und beiseitestellen.

Haferflocken, Mehl, Butter und den restlichen Zucker mit den Händen in einer weiteren Schüssel verkneten. (Den Knetvorgang beenden, sobald sich eine streuselige Konsistenz bildet.)

Die Hälfte der Teigstreusel auf drei ofenfeste Schüsseln verteilen und die marinierten Obstwürfel daraufgeben. Die restlichen Teigstreusel gleichmäßig auf den Früchten verteilen.

Die Schüsseln auf ein Backgitter im heißen Ofen (Mitte) stellen und den Apfel-Birnen-Crumble ca. 15 Min. backen.

MANDARINEN-SCHMAND-KUCHEN

Pro Stück: ca. 93 kcal, 1 g E, 6 g F, 7 g KH, 0 g BST

Für 1 Kuchen o. ca. 25 Stück

ZUTATEN:

Teig

80 g Butter
25 g Kokosblütenzucker o. brauner Zucker
20 g zarte Haferflocken
90 g Dinkelmehl (Type 630)
5 g Backpulver
100 g Ei
1 Prise Salz
etwas Zitronenabrieb (nach Belieben)

Topping

1 Dose Mandarinen (Abtropfgewicht 175 g, Füllmenge 312 g)
3 Blatt Gelatine o. pflanzliche Alternative
150 g Schlagsahne
10 g Zucker
150 g Schmand
1 Prise Zimt

Außerdem

Springform (24 x 24 cm)

Den Backofen auf 180 °C Umluft vorheizen.

Butter und Zucker für den Teig mit dem Rührbesen der Küchenmaschine auf hoher Stufe cremig schlagen. Alle restlichen Zutaten für den Teig dazugeben und 1–2 Min. auf mittlerer Stufe zu einem homogenen Teig verrühren.

Den Teig in eine leicht mit Öl ausgestrichene Springform geben und glatt streichen.

Die Springform auf ein Backgitter im heißen Ofen (Mitte) stellen und den Kuchen in 25–30 Min. backen. Die Springform nach der Backzeit aus dem Ofen nehmen und den Kuchen auskühlen lassen.

Die Mandarinen für das Topping in ein Sieb abgießen, den Sud auffangen und die Früchte gut abtropfen lassen. Die Gelatineblätter in kaltem Wasser 5–10 Min. einlegen.

Inzwischen Sahne und Zucker mit dem Rührbesen der Küchenmaschine steif schlagen. Gelatineblätter aus dem Wasser nehmen, ausdrücken, mit 50 g Mandarinensud in einen kleinen Topf geben und bei kleiner Hitze unter Rühren langsam auflösen.

Mandarinen mit der Hand zerdrücken, in eine Schüssel geben und Schmand unterrühren. Den warmen Mandarinen-Gelatine-Sud schluckweise dazugeben und mit dem Schneebesen unterrühren. Dann die Masse vorsichtig unter die aufgeschlagene Sahne heben und auf den gebackenen Teigboden geben. Den Kuchen 3 Std. in den Kühlschrank stellen.

Den abgesteiften Mandarinen-Schmand-Kuchen nach der Kühlzeit aus der Form nehmen, auf eine Kuchenplatte setzen und mit Zimt bestäuben.

Die besten Brotrezepte MEINER GÄSTE

STEFAN MARQUARDS

MELONEN-CARPACCIO MIT AVOCADO-»TOPINKY«

Pro Portion: ca. 554 kcal, 10 g E, 38 g F, 36 g KH, 8 g BST

Für 4 Portionen

ZUTATEN:

Melonencarpaccio

400 g Wassermelone ohne Kerne, 3 mm dünne Scheiben
Salz u. Pfeffer aus der Mühle
Saft und Abrieb von 2 Bio-Zitronen
8 cl gutes Olivenöl
etwas Rucola
50–80 g Pinienkerne, geröstet
Parmesan

Avocado-»Topinky«

etwas Olivenöl
4 geile Brotscheiben (2 cm dick)
1–2 Knoblauchzehen
2 reife Avocado
schwarzer Pfeffer aus der Mühle
Fleur de Sel

Den Backofen auf 80 °C Umluft vorheizen und ein Backblech mit Olivenöl ausstreichen.

Die Melonenscheiben für das Carpaccio auf dem eingeölten Backblech verteilen und mit Salz und Pfeffer würzen. Das Backblech in den heißen Ofen (Mitte) schieben und die Melonenscheiben 3 Std. darin trocknen lassen.

Anschließend die etwas labbrigen Melonen-Carpaccio-Scheiben auf vier flachen Tellern auslegen, mit Zitronensaft, -abrieb und Olivenöl marinieren. Mit Rucola und Pinienkernen bestreuen und Parmesan in feinen Spänen darüberhobeln.

Etwas Öl für das Avocado-»Topinky« in einer Pfanne erhitzen und die Brotscheiben darin von beiden Seiten knusprig braten. Von der Hitze nehmen und kurz abkühlen lassen.

Inzwischen die Knoblauchzehen schälen und halbieren. Jeweils eine Brotseite mit der Schnittseite des Knoblauchs einreiben.

Die Avocados halbieren, Kerne entfernen und das Fruchtfleisch mit einem Löffel aus der Schale lösen. Das Fruchtfleisch in ca. 4 mm dünne Scheiben schneiden und aufgefächert auf die noch heißen Brotscheiben legen. Mit schwarzem Pfeffer aus der Mühle und etwas Fleur de Sel würzen. Das Avocado-»Topinky« auf das Melonen-Carpaccio setzen.

★ **STEFAN MARQUARD**
Sternekoch, Fernsehkoch, Showkoch, Kochbuchautor, Berater und Coach unter anderem in seiner Online-Kochschule und, und, und …

ENIE VAN DE MEIKLOKJES'
BROTLASAGNE

Pro Portion: ca. 502 kcal, 29 g E, 26 g F, 32 g KH, 5 g BST

Für 4 Portionen

ZUTATEN:

1 Zwiebel
2 mittelgroße Tomaten
etwas Olivenöl
400 g Rinderhackfleisch
1 EL Tomatenmark
edelsüßes Paprikapulver
Salz, Pfeffer
200 g Béchamelsoße
3-4 Brotscheiben (1 cm dick; z. B. altbackenes Schwarz- oder Weißbrot)

Topping

50 g geriebener Käse

Außerdem

Auflaufform

Die Zwiebel schälen und fein würfeln. Die Tomaten waschen, putzen und grob hacken.

Etwas Olivenöl in einer Pfanne erhitzen und Hackfleisch, Tomatenmark und Zwiebelwürfel darin anbraten. Gehackte Tomaten dazugeben, alles gut vermengen und mit Paprikapulver, Salz und Pfeffer würzen. Alles bei schwacher Hitze 5 Min. köcheln lassen.

Inzwischen den Backofen auf 180 °C Umluft vorheizen und eine Auflaufform mit Olivenöl ausstreichen.

Den Boden der eingeölten Backform mit einer Brotscheibe auslegen. Darauf eine Portion Hackfleischsoße verteilen, diese mit etwas Béchamelsoße bedecken und so fortfahren, bis alle Zutaten aufgebraucht sind. Zum Schluss mit dem Käse bestreuen.

Die Backform in den heißen Ofen (Mitte) stellen und die Brotlasagne in ca. 20 Min. überbacken.

★ **ENIE VAN DE MEIKLOKJES**
Moderatorin diverser Backsendungen im TV.

NORDS

RETTICH-ZIEGENKÄSE-TALER

Pro Portion: ca. 393 kcal, 18 g E, 16 g F, 37 g KH, 6 g BST

Für 2 Portionen

ZUTATEN:

1 weißer Rettich
150 g Ziegenkäserolle
½ Bund gemischte Kräuter (z. B. Schnittlauch, Petersilie, Rettichkresse)
etwas Olivenöl
12 Taler Pumpernickel o. Dinkelvollkornbrot aus der Tasse (S. 44)
Salz, Pfeffer aus der Mühle
flüssiger Honig

Den Backofen mit Grillfunktion auf 220 °C Ober-/Unterhitze vorheizen und ein Backblech mit Backpapier auslegen.

Den Rettich schälen, putzen und in zwölf 1 cm dicke Scheiben schneiden. Die Rettichscheiben salzen und etwas ziehen lassen. Die Käserolle in zwölf 1 cm dicke Scheiben schneiden. Alle Kräuter waschen, trocken schütteln und – bis auf ein paar Kresse- und Schnittlauchstängel – fein hacken.

Die Rettichscheiben mit Küchenpapier abtupfen und mit einer runden Plätzchenform ausstechen, sodass sie maximal genauso groß sind wie die Brottaler. Rettichscheiben auf das Backpapier setzen und jeweils mit einer Ziegenkäsescheibe belegen. Das Backblech in den heißen Ofen schieben (Mitte) und den Rettich ca. 4 Min. überbacken.

Inzwischen etwas Olivenöl in einer Pfanne erhitzen und die Brottaler auf beiden Seiten darin anrösten. Von der Hitze nehmen und kurz abkühlen lassen.

Die warmen Brottaler auf kleine Teller anrichten, mit der Hälfte der gehackten Kräuter bestreuen und die Rettich-Ziegenkäse-Scheiben daraufsetzen. Alles mit Salz und Pfeffer aus der Mühle würzen, mit den restlichen gehackten Kräutern bestreuen, mit Honig beträufeln und mit den beiseitegelegten Kresse- und Schnittlauchstängeln garnieren.

⋆ **NORD**
So heißt der Sänger von *Hämatom*, einer deutschsprachigen Metalband. Infos unter www.haematom.de

JOHANN LAFERS

TOSKANISCHER BROTSALAT

Pro Portion: ca. 415 kcal, 11 g E, 16 g F, 51 g KH, 5 g BST

Für 4 Portionen

ZUTATEN:

300 g Ciabatta (vom Vortag)
1 Knoblauchzehe
4 EL mildes Olivenöl
1 EL Honig
2 EL Balsamico bianco
20–25 kleine, reife Datteltomaten
1 Salatgurke
1 rote Zwiebel
1 Bund Basilikum
40 g Pinienkerne, geröstet
Salz, Pfeffer
Zucker

Den Backofen auf 180 C° Ober-/Unterhitze vorheizen.

Das Brot in kleine mundgerechte Stücke zupfen und auf einem Backblech verteilen. Das Backblech in den heißen Ofen schieben und das Brot in 8–10 Min. knusprig rösten.

Inzwischen den Knoblauch schälen, fein hacken und in eine große Schüssel geben. Olivenöl, Honig und Essig dazugeben und alles verquirlen.

Die Tomaten waschen und halbieren. Die Gurke schälen, der Länge nach halbieren und das Kerngehäuse mit einem Löffel herauskratzen. Die Gurkenhälften in Scheiben schneiden. Die Zwiebel schälen, halbieren und in dünne Streifen schneiden. Das Basilikum abbrausen, trocken schütteln und Blätter vom Stiel zupfen. Tomatenhälften, Gurkenscheiben, Zwiebelstreifen und Basilikumblätter zum Dressing in die Schüssel geben.

Geröstete Brotstücke und Pinienkerne zu dem Gurken-Tomaten-Salat in die Schüssel geben. Alles locker vermengen und mit Salz, Pfeffer und Zucker abschmecken. Möglichst frisch servieren.

★ JOHANN LAFER …

… blickt auf eine über 40-jährige kulinarische Karriere zurück. In zahlreichen TV-Sendungen, Büchern und Magazinen beweist er seit Jahren, dass er ein Meister seines Faches ist.

JO SEMOLAS

ALTBROT-PESTO

Pro Portion: ca. 295 kcal, 4 g E, 27 g F, 7 g KH, 1 g BST

Für 6 Portionen

ZUTATEN:

2 Knoblauchzehen
3 Bund Basilikum
150 g Olivenöl
Salz
Saft und Abrieb von 1 Bio-Limette
50 g Pecorino, frisch gerieben
Pfeffer
50 g altbackenes Brot, zu Semmelmehl gerieben

Den Knoblauch schälen und grob hacken. Das Basilikum abbrausen, trocken schütteln und Blätter vom Stiel zupfen.

Gehackten Knoblauch, Basilikumblätter, 100 g Olivenöl, Salz, Limettensaft und -abrieb in einem Küchen- oder mit einem Stabmixer fein pürieren.

Das Knoblauch-Basilikum-Öl in eine Schüssel gießen. Pecorino und das restliche Olivenöl schluckweise unterrühren, bis eine cremige Konsistenz entsteht. Alles mit Pfeffer würzen und nochmals mit Salz abschmecken.

Erst direkt vor dem Servieren jeweils 1 EL Altbrot mit 2 EL des Pestos mischen, um den Crunch zu bewahren.

★ JO SEMOLA

Vom Hobbybäcker zum SPIEGEL-Bestseller-Autor und erfolgreichstem deutschen Brotfluencer. Jo Semola begeistert jeden Tag auf Social Media seine über 1,2 Millionen Follower und nimmt die Fans mit auf seine Mission *Gutes Brot für alle.*

TIM ARMANNS

SCHNELLE BRUSCHETTA

Pro Portion: ca. 185 kcal, 3 g E, 13 g F, 13 g KH, 1 g BST

Für 3 Portionen

ZUTATEN:

- 2 Handvoll Kirschtomaten
- 3-4 EL Olivenöl
- 1 Prise brauner Zucker
- 1 Prise Meersalzflocken
- 1 Knoblauchzehe
- 3 Scheiben Brot (Ciabatta, Panini o. ähnliches Weißbrot)
- 2 Stängel Basilikum
- Parmesan

Den Backofen auf 190°C Ober-/Unterhitze vorheizen und ein Backblech mit Backpapier auslegen.

Kirschtomaten halbieren, mit 1 Esslöffel Olivenöl, Zucker und Meersalzflocken marinieren. Die marinierten Tomaten mit der Schnittseite nach oben auf das Backpapier legen.

Das Backblech in den heißen Ofen (Mitte) schieben und die Tomaten ca. 25 Min. rösten.

Inzwischen den Knoblauch schälen und halbieren. Restliches Olivenöl in einer Pfanne erhitzen und Brot von beiden Seiten anrösten. Jeweils eine Brotseite mit der Schnittseite des Knoblauchs einreiben.

Das Backblech nach der Garzeit aus dem Ofen nehmen und die gerösteten Tomaten gleichmäßig auf den Knoblauch-Brotscheiben verteilen.

Das Basilikum waschen, trocken schütteln und Blätter vom Stiel zupfen. Den Parmesan mit einem Sparschäler in feinen Spänen über die Brote hobeln und die Bruschetta mit Basilikumblättern und ein paar Tropfen Olivenöl anrichten.

⋆ TIM ARMANN ALIAS BROT MIT EI …

… durchlief eine Kochausbildung, die er als Jahrgangsbester abschloss, sammelte danach Erfahrungen in verschiedenen Sterneerestaurants und arbeitete als Producer beim ZDF. Heute bespielt er mit seinem Team mehrere Plattformen, sitzt in der Jury des *Deutschen Kochbuchpreises*, interviewt in seinem Podcast spannende Menschen und reist für Foodtouren durch ganz Europa.

META HILTEBRANDS

LACHS-CUPCAKE MIT FRISCHKÄSETOPPING

Pro Stück: ca. 354 kcal, 15 g E, 21 g F, 24 g KH, 2 g BST

Für 4 Portionen o. 10 Stück

ZUTATEN:

Teig

- 400 g altbackenes Weißbrot
- 1 Zwiebel
- 1 Bund Dill
- 2 EL Olivenöl
- 1 EL Mehl
- 400 ml Milch
- 1 EL geriebener Meerrettich
- 3 Eier (Größe M o. L)
- Salz, Pfeffer
- 200 g Räucherlachs

Topping

- 400 g Frischkäse

Außerdem

- 10 Muffin- o. Cupcake-Formen

Das Brot in kleine Würfel schneiden und in eine Schüssel geben. Zwiebel schälen und fein hacken. Den Dill waschen, trocken schütteln, Spitzen abzupfen – ein paar Spitzen für die Deko zur Seite legen – und ebenfalls fein hacken.

Olivenöl in einer Pfanne erhitzen, gehackte Zwiebeln darin glasig dünsten und zu den Brotwürfeln in die Schüssel geben. Gehackten Dill, Mehl, Milch, Meerrettich und Eier zu der Zwiebel-Brot-Masse in die Schüssel geben. Alles mit Salz und Pfeffer würzen und mit den Händen gut verkneten. Ca. 15 Min. ziehen lassen.

Den Backofen auf 180 °C Umluft vorheizen und die Muffinformen mit Olivenöl ausstreichen.

Den Räucherlachs fein hacken und unter die Masse heben. Nochmals mit Salz und Pfeffer abschmecken und die Masse mit einem Löffel in die Muffinformen füllen.

Die Muffinformen in den heißen Ofen (Mitte) setzen und die Lachs-Cupcakes in 20–30 Min. backen. Die Muffinformen nach der Backzeit aus dem Ofen nehmen und auskühlen lassen.

Inzwischen den Frischkäse in einer Schüssel verrühren und mit Salz und Pfeffer würzen. Den gewürzten Frischkäse in einen Spritzbeutel mit Sterntülle füllen und jeweils eine Rosette auf die Cupcakes spritzen. Mit den restlichen Dillspitzen garnieren.

★ **META HILTEBRAND**
Bekannte Köchin aus der Schweiz, Rezeptautorin und TV-Köchin. www.cookcouture.ch

CHRIS WASHINGTONS

VEGANES METT

Pro Portion: ca. 102 kcal, 2 g E, 4 g F, 32 g KH, 2 g BST

Für 5-6 Portionen

ZUTATEN:

- 80 g ungesalzene Reiswaffeln
- 100 g vorgekochte Kidneybohnen
- 250 ml Wasser
- 2 EL Tomatenmark
- 2 EL Öl
- 1 TL geräuchertes Paprikapulver
- 1 TL Salz

Topping (nach Belieben)

Gewürzgurken, klein geschnitten
Radieschen, klein geschnitten
Schnittlauchröllchen
schwarzer Pfeffer

Reiswaffeln in einer großen Schüssel zerbröseln und beiseitestellen.

Bohnen, Wasser, Tomatenmark, Öl und Gewürze in einem Küchen- oder mit einem Stabmixer fein pürieren.

Die Bohnen-Tomaten-Masse zu den zerbröselten Reiswaffeln in die Schüssel geben, mit den Händen gut in die Reiswaffeln einmassieren und ca. 1 Std. im Kühlschrank ziehen lassen.

Das gekühlte Mett auf ein Brötchen streichen und nach Belieben mit Gurken- und Radieschenstücken belegen, mit Schnittlauchröllchen bestreuen und mit Pfeffer würzen.

★ **CHRIS WASHINGTON …**

… betreibt den veganen Foodblog *@veganewunder*
Sein Ziel: Den Menschen zu zeigen, dass veganes Essen äußerst facettenreich ist und keine Einschränkung darstellt, sondern vielmehr die Möglichkeit bietet, neue Dinge auszuprobieren.

KELADAM'S KITCHEN

ISKENDER

Pro Portion: ca. 643 kcal, 31 g E, 25 g F, 66 g KH, 6 g BST

Für 2 Portionen

ZUTATEN:

Joghurtsoße
- 4 EL Joghurt
- 1 Knoblauchzehe
- 1 Prise Salz

Tomatensoße
- 1 TL Butter
- 1 EL Tomatenmark
- 80 g passierte Tomaten
- 80 ml Wasser
- 1 Prise Salz
- 1 Prise Pfeffer

Iskender
- 250 g altbackenes Brot
- 1 TL Butter
- 180 g Rinderhackfleisch
- 1 Prise Salz
- 1 TL geräuchertes Paprikapulver
- 1 TL Kreuzkümmel
- 1 TL Zwiebelpulver

Topping
- 1 EL Olivenöl
- 1 große grüne Peperoni

Den Joghurt für die Soße in eine Schüssel geben. Den Knoblauch schälen und dazupressen. Alles mit Salz verrühren und abgedeckt in den Kühlschrank stellen.

Die Butter für die Tomatensoße in einem kleinen Topf zerlassen, Tomatenmark dazugeben und 3–4 Min. darin anrösten. Passierte Tomaten und Wasser zugeben, mit Salz und Pfeffer würzen und alles bei niedriger Hitze 2–3 Min. köcheln lassen.

Das Brot für den Iskender in 1,5 cm große Würfel schneiden. Butter in einer Pfanne zerlassen und Brotwürfel darin knusprig braten.

Hackfleisch in eine Schüssel geben, Gewürze dazugeben und die Masse mit den Händen 2–3 Min. verkneten. Die Hackfleischmasse mit den Händen zu einer dicken Wurst formen und zwischen zwei Bogen Backpapier mit einem flachen Gegenstand zu einem 3–4 mm dünnen Oval flach drücken.

Eine große beschichtete Pfanne stark erhitzen. Von der Hackfleischmasse das obere Backpapier entfernen, das Oval in die Pfanne stürzen und das restliche Backpapier entfernen. Die Hackfleischmasse von beiden Seiten jeweils 2 Min. anbraten.

Gleichzeitig in einer weiteren Pfanne Olivenöl für das Topping erhitzen und die Peperoni darin scharf anbraten.

Die Brotwürfel auf einem Teller verteilen und jeweils die Hälfte der Tomaten- und Joghurtsoße darübergeben. Das gebratene Hackfleisch darauflegen und mit den restlichen Soßen übergießen. Mit angebratener Peperoni garnieren.

★ **FERDI ALIAS KELADAM'S KITCHEN**
Keladam's Kitchen ist der größte deutschsprachige Foodblogger auf TikTok mit über zwei Millionen Follower.

BETTYS

BROTWAFFELN

Pro Portion: ca. 505 kcal, 21 g E, 25 g F, 42 g KH, 6 g BST

Für 3-4 Portionen

ZUTATEN:

Teig

4 dicke Scheiben altbackenes Sauerteigbrot
50 g Butter
250 ml Milch
3 Eier (Größe M)
1 Msp. Salz
1 TL Ras el Hanout (nach Belieben)
3 Tassen voll Gemüse, klein gewürfelt (z. B. Zucchini, Paprika, Frühlingszwiebeln, Champignons)

Dip

3 EL Tahin
200 g Skyr
6 EL Wasser
1 EL flüssiger Honig
½ TL Salz
Saft von 1 Bio-Limette
1 kleiner Bund glatte Petersilie, grob gehackt
1 kleiner Bund Koriandergrün, grob gehackt
1 kleine Zwiebel, grob gehackt (nach Belieben)

Außerdem

Waffeleisen

Das Brot für den Teig in kleine Stücke schneiden und in eine Schüssel geben.

Butter und Milch in einem Topf erhitzen, bis die Butter geschmolzen ist. (Die Flüssigkeit sollte nicht kochen.)

Eier in einer Schüssel aufschlagen, mit Salz und nach Belieben mit Ras el Hanout verrühren. Unter Rühren zu der warmen Milch in den Topf geben.

Die Milch-Butter-Ei-Mischung über die Brotstücke in die Schüssel gießen und alles gut verrühren. Die Milch-Ei-Brot-Masse mindestens 30 Min. durchziehen lassen, dabei gelegentlich umrühren.

Gegen Ende der Einweichzeit die Gemüsewürfel unter die weiche Teigmasse rühren, das Waffeleisen vorheizen und mit etwas Olivenöl ausstreichen.

Die Brotmasse 1 cm dick auf die untere Heizplatte des Waffeleisens geben, das Waffeleisen schließen und bei drei Viertel der Leistung die Brotwaffeln 8–10 Min. backen. Den Vorgang so oft wiederholen, bis der Teig aufgebraucht ist.

Inzwischen alle Zutaten für den Dip in einem Küchen- oder mit einem Stabmixer pürieren. Die Waffeln können mit dem Dip kalt oder warm gegessen werden.

★ **BETTY**
Konditormeisterin Bettina Schliephake-Burchardt ist nicht nur TV-Jurorin von *Das große Backen*, sondern auch Dozentin, Autorin, Schokoladensommelière, TV-Autorin und Familienmensch.

CORNELIA POLETTOS

KARTOFFEL-PIADINA MIT TALEGGIO

Pro Portion: ca. 640 kcal, 17 g E, 29 g F, 73 g KH, 3 g BST

Für 6 Portionen

ZUTATEN:

Piadine
- 2 TL Rosmarinnadeln
- 100 g Schweineschmalz
- 500 g Mehl
- 100 ml Milch
- 100 ml Wasser
- ½ TL Salz
- ½ TL Natron

Kartoffeln
- 6 La-Ratte- oder Grenaille-Kartoffeln
- Salz
- 2 EL Olivenöl
- Pfeffer aus der Mühle

Füllung
- 200 g Taleggio

Topping
- fein geschnittene Rosmarinnadeln
- grobes Meersalz

Die Rosmarinnadeln waschen, trocken tupfen und fein schneiden. Das Schmalz würfeln. Beides mit den restlichen Piadine-Zutaten zu einem glatten Teig verarbeiten und daraus 6 Kugeln formen. Die Kugeln sehr dünn (0,5 cm) zu runden Fladen ausrollen und diese in einer Pfanne ohne Fett von beiden Seiten goldbraun backen.

Die Kartoffeln unter kaltem Wasser abbürsten und mit Schale dünn (3–4 mm) hobeln. Die Kartoffelscheiben in kochendem Salzwasser al dente garen, abgießen und ausdämpfen lassen. In einer Schüssel mit Olivenöl und Pfeffer marinieren.

Den Backofen auf 160 °C Umluft vorheizen. Den Taleggio in dünne Scheiben schneiden. Jede Piadina zur Hälfte mit Kartoffelscheiben und Taleggio belegen, dann umklappen und im heißen Ofen ca. 5 Min. backen. Sofort servieren und mit fein geschnittenen Rosmarinnadeln und grobem Meersalz bestreuen.

⋆ **CORNELIA POLETTO**
Spitzenköchin, deren Herz für die italienische Küche schlägt. Ihr Credo: Wirklich gutes Essen kann nur aus wirklich guten Produkten entstehen!

ROHSTOFFE CLEVER ERSETZEN

Äußerst praktisch wäre es natürlich, wenn ich euch hier eine Ersatzliste für alle Rohstoffe, die ihr vermeiden wollt oder sollt, zur Verfügung stellen könnte. Aber leider: So einfach ist das nicht! Nahrungsmittel, die beim Kochen leicht ausgetauscht werden können, stellen beim Backen oft ein echtes Hindernis dar. Sicherlich habt ihr gute Gründe, Zutaten ersetzen zu müssen: Möglicherweise liegt eine Allergie oder Unverträglichkeit bei einem von euch gegen eine bestimmte Zutat vor, oder ihr möchtet ein Rezept gesünder oder reichhaltiger gestalten. Manch einem schmecken auch bestimmte Lebensmittel nicht, oder ihr habt eine Zutat gerade nicht vorrätig. Auch religiöse oder ethische Gründe und Trends können eine Rolle spielen. Aber vielleicht seid ihr auch nur sehr experimentierfreudig ...

Grundsätzlich müsst ihr zwei Arten von Zutaten unterscheiden: zum einen Rohstoffe, die einfach und problemlos eins zu eins ausgetauscht werden können, beispielsweise ähnliche Flüssigkeiten (Wasser gegen Bier – darf aber nur beim Backen, nicht beim Trinken ausgewechselt werden ;-)), viele Saaten (Kürbiskerne gegen Sonnenblumenkerne) oder manche Mehlsorten (Weizen gegen Dinkel). Und zum anderen Zutaten, die eine wichtige backtechnologische Eigenschaft im Rezept übernehmen, etwa Zucker, Salz und Triebmittel (Hefe, Sauerteig, Backpulver). Diese Funktionen können nicht ganz so einfach von ähnlichen Rohstoffen übernommen werden. Süßstoff kann zum Beispiel die Süßkraft des Zuckers gut liefern, allerdings fehlen im Teig dann Eigenschaften wie Karamellisierung oder Gewicht und die Inhaltsstoffe, die den Eischnee stabil machen oder für Hefen einen Teil der Nahrung darstellen. Diese Zutaten können eventuell – das ist aber nicht immer und bei allen möglich – durch einen Mix aus mehreren Austauschstoffen ersetzt werden.

Ich beschränke mich hier auf die Zutaten, die für »Schlank mit Brot« wichtig sind, und gebe euch eine grobe Richtlinie vor.

Mehl

In einem Rezept lässt sich Mehl derselben Sorte (Weizen, Dinkel, Roggen et cetera) leicht durch ein Mehl mit einer höheren Typenzahl komplett oder teilweise austauschen. Die Typenzahl gibt den Mineralstoffgehalt oder stark vereinfacht den »Schalenanteil« im Mehl an. Eine höhere Typenzahl bringt mehr Ballaststoffe und Charakter in Brot oder Brötchen. Je höher die Typenzahl, desto mehr Flüssigkeit bindet das Mehl allerdings auch. Was bedeutet, dass ihr die Flüssigkeitsmenge etwas erhöhen müsst. Vollkornmehl liefert am meisten wertvolle Inhaltsstoffe und kommt ohne Typenzahl daher.

Butter

Butter ist eines der kalorienreichsten – und in der Herstellung energieintensivsten – Lebensmittel überhaupt. Von daher macht es durchaus Sinn, sie zu ersetzen. Selbst wenn das nicht so einfach ist, weil Teig ohne Butter nicht nur trocken, sondern auch mürbe wird. Deshalb empfehle ich, bei manchen Rezepten die Butter nur teilweise auszutauschen. Gute Alternativen sind hier: Apfelmus, Avocado, Banane und Magerquark. In welchem Verhältnis die Butter durch die jeweilige Zutat ersetzt werden kann, ist leider von so vielen anderen Faktoren abhängig, dass es dafür keine allgemeingültige Regel gibt. Nur so viel sei gesagt: Probieren geht über studieren!

Zucker

Das braune oder weiße Süßungsmittel verwende ich in meinen Rezepten wegen Farbe und Geschmack, hauptsächlich aber als Nahrung für die Hefe – sie benötigt Zucker für den Reifestoffwechsel. Nach einer langen Teigreife bleibt davon nicht mehr viel übrig, da die Hefe ihn zu Kohlendioxid und Alkohol verstoffwechselt. Wer keinesfalls mit Zucker backen möchte, kann alternativ auch Honig, Ahornsirup, Agavendicksaft, Kokosblütenzucker oder Malz verwenden – oder aber den Zucker ersatzlos streichen. Die Hefe verhungert nicht, sie findet genug Nahrung, um zu funktionieren. Kann man weglassen, muss man aber nicht, denn: Geiler wird's mit Zucker!

Grundsätzlich sei gesagt

Nicht alle Zutaten, die ihr austauschen könnt, weil das Endprodukt dann angeblich gesünder oder kalorienärmer wird, müsst ihr auch wirklich ersetzen. Ein gutes Rezept wird durch abgewandelte Rohstoffe nicht unbedingt besser. Manchmal muss es eben einfach Butter sein! Schließlich macht die Menge das Gift – von daher: Genießt gerne Bettys absolut leckere Brotwaffeln auf Seite 154!

SO FUNKTIONIERT'S MIT DEM TEIG

Zutaten verkneten

Der Schlüssel zum Erfolg basiert beim Backen auf dem richtigen Auskneten der Zutaten! Es bestimmt als erster Arbeitsgang das weitere Schicksal des Teigs: Hier entscheidet sich das spätere Volumen des Gebäcks, wie es sich im Mund anfühlt – und dadurch natürlich auch, wie es schmeckt.

1 Richtiges Abwiegen ist unermesslich wichtig! Weiter geht's mit den Zutaten, die ihr nebeneinander in die Schüssel gebt, damit ihr später noch mal überprüfen könnt, ob ihr auch nichts vergessen habt.

2 So sieht der Teig aus, wenn er noch nicht fertig ist. Bitte nicht täuschen lassen: Nur weil sich die Zutaten vermischt haben, heißt das noch nicht, dass der Knetvorgang beendet ist. Das später tragende Gerüst unserer Backwaren bildet sich erst durch längere mechanische Einwirkung. Mischen ist also nicht gleichzusetzen mit Kneten.

3 Jetzt habt ihr es geschafft und den perfekten Teig vor euch: Er sollte sich gut ziehen und leicht vom Schüsselrand sowie vom Knethaken lösen lassen. Der Knetvorgang selbst kann sich – je nach Gebäck – bis zu 20 Minuten hinziehen.

4 Bei Weizen- oder Dinkelteigen könnt ihr die Probe aufs Exempel machen und so feststellen, ob der Teig bereits fertig ausgeknetet ist: Dazu ein wenig Teig mit den Fingern auseinanderziehen. Sollte er sich wie eine Kaugummiblase ziehen lassen und nicht gleich reißen, ist der Knetvorgang erst mal abgeschlossen.

Stretchen und falten

Weiche Teige bedeuten saftiges Gebäck. Um das ohne künstliche Zusätze hinzubekommen, könnt ihr eine ganz natürliche Technik anwenden, für die es ein wenig Fingerspitzengefühl und Zeit bedarf.

1 Je nach Rezept kommt der Teig nach dem Ausknetvorgang in eine leicht mit Öl ausgestrichene Frischhaltedose und darf dort abgedeckt reifen.

2 So sieht der Teig aus, nachdem er seine erste Reifephase (Zwischengare) hinter sich hat – und kurz vorm Stretchen ist.

3 Jetzt wird gestretcht und gefaltet. Das heißt: Ihr zieht mit nassen Händen den Teig an einem Ende hoch, hängt ihn aus (stretchen) und faltet ihn dann in Schlaufen wieder zurück, greift wieder an das andere Ende des Teigs und wiederholt das Ganze drei- bis viermal. Keinesfalls öfter, sonst reißt der Teig.

4 So sieht der Teig nach seinen beendeten Stretch- und Faltrunden aus. Er besitzt mehr Spannung und hält schon die Form – er erscheint fester. Falls ihr also überlegt, ob das die perfekte Version ist: Ja, so sieht sie aus. Ihr habt alles richtig gemacht. Danach darf der Teig wieder reifen, und ihr verfahrt weiter, wie es im Rezept beschrieben wird.

← Brot formen

Um ein lockeres und saftiges Brot zu bekommen, muss der Teig ein wenig bearbeitet werden. Wie ihr am besten bei welchem Teig vorgeht, findet ihr unter dem jeweiligen Rezept – natürlich mit einem Seitenverweis.

1 Nach dem Knetvorgang und der angegebenen Reifezeit gebt ihr den Teig ganz entspannt auf eine bemehlte Arbeitsfläche.

2 Dann nehmt ihr euch mit jeweils einer Hand ein Ende des Teigs und faltet es wie dargestellt übereinander. Die Enden fest andrücken, damit der Teig nicht wieder aufklappt. Je nachdem, wie groß der Teig ist, wird der Vorgang zwei- bis viermal wiederholt.

3 Schließlich klappt ihr die untere Teighälfte von euch weg über den Teig und zieht ihn mit leichtem Druck und Spannung wieder zurück zu euch. Das Ganze zweimal wiederholen – und schon liegt ein länglich geformtes Teigstück vor euch.

4 Nun gebt ihr das geformte Brot in den Gärkorb, wo es während seiner Restreifezeit bleibt.

← Rundwirken

Es gibt viele verschiedene Möglichkeiten, eine runde Kugel zu formen. Hier erlernt ihr die Basicversion des Rundwirkens, mit der ihr dem Brot noch mal ausreichend Spannung mitgebt, damit es später im Ofen schön aufgeht.

1 Nach seiner Reifezeit muss der Teig in seine Endform gebracht werden, wozu ihr ihn auf eine bemehlte Arbeitsfläche gebt.

2 Mit einer leicht bemehlten Hand nehmt ihr »auf 13 Uhr« eine Teigecke, zieht sie leicht hoch, bringt sie auf Spannung und …

3 … klappt sie zur Mitte des Teigs hin um, wo ihr sie fest andrückt. Dabei dreht ihr den Teigling immer ein bisschen weiter und nehmt die danebenliegende Teigecke, die noch nicht eingefaltet wurde, und wiederholt das Prozedere. Und zwar so lange, bis sich …

4 … eine wunderschöne Kugel ergibt. Die Teigkugel gebt ihr dann entweder mit dem Schluss nach oben oder unten in den Gärkorb.

Schleifen →

Das Schleifen ist im Gegensatz zum Rundwirken eine wunderbare Methode, um kleine Teigstücke rund zu bekommen, also zu Brötchen zu formen.

1 Das Wichtigste kommt zuerst: nämlich die Teigstücke abzuwiegen. Wie schwer oder leicht die einzelnen Teigstücke sein sollen, findet ihr unter den jeweiligen Rezepten.

2 Nun nehmt ihr das Teigstück in eine leicht bemehlte Hand und formt die andere Hand zu einer »Kralle«.

3 Dann setzt ihr eure »Krallenhand« auf das Teigstück und beginnt mit leichtem Druck kreisende Bewegungen auszuüben – gleichzeitig umschließt ihr das Teigstück mit eurer »Krallenhand« immer fester …

4 … und bekommt als Endergebnis eine wunderschön geschliffene Kugel. Perfekt!

PS: Wer genauer wissen will, was ein Poolish, ein Koch-, Quell- oder Brühstück ist, der erfährt Näheres hier (siehe QR-Code).

REZEPTREGISTER

ZUTATENREGISTER